翻訳唱歌と国民形成

明治時代の小学校音楽教科書の研究

佐藤慶治

九州大学出版会

はしがき

「こころざしをはたして　いつの日にか帰らん　山はあおき故郷　水は清き故郷」というのは、有名な文部省唱歌《故郷》の三番歌詞です。おそらくほとんどの日本国民が知っているであろうこの歌は、一九一一（明治四四）年から一九一四（大正三）年にかけて全六冊が編纂された『尋常小学唱歌』に掲載されているものです。すなわち、「明治」という時代の最後に企画・編纂されたものと言えますが、「明治」とは、いったいどのような時代だったのでしょうか。

昨年度（二〇一八年度）は明治維新一五〇周年ということで、大河ドラマ『西郷どん』が放送され高い人気を博すなど、「明治」という時代がクローズアップされた一年でした。また、二〇一五年には九州の史跡を中心とした「明治日本の産業革命遺産」が世界遺産に登録されたこともあり、各所で「明治」に対する再評価の動きが見られたように思います。これは、現在の日本がポスト・グローバル化時代という歴史の転換点にあることとも無関係ではないでしょう。明治維新という大きな転換点を乗り越えた当時の日本人に学ばなければならない、と考える人は多いのではないでしょうか。明治の日本人は広義の「翻訳」（異なる文化圏におけるさまざまな思想、制度などを自分たちの文化圏に適合するように受け入れ、自文化を豊かにする行為）を活用し、ドイツの憲法、フランスの軍隊制度、イギリスの王制等、各国の優れた制度を、自国にとって良い形で取り入れることにより、近代的な国民国家の形成を果たしました。

本書の中心的なテーマになっている「翻訳唱歌」は、教育文化面におけるその好例です。当時の日本人は、キリスト教文化に基づく西洋の楽曲を、近世以前からの日本の伝統的な文化圏に適合するような形の歌詞に修正した上で、学校教育に用いました。それは単純に「創られた伝統」などと言えるものではなく、それ以前からの日本文化の伝統と外来の知を融合させたものだったと見なすことができるでしょう。「和洋折衷」や「和魂洋才」という言葉でも表されますが、決してそれ以前の日本文化を捨て去ってしまったものではありませんでした。

司馬遼太郎の小説『坂の上の雲』においては、明治時代、我武者羅に近代的国家の形成を目指す若者達の姿が描かれます。三人の主人公は故郷の松山を出て上京し、さらには留学なども経てそれぞれに大きな仕事を果たします。「故郷」という概念自体が、生まれ育った地を自由に離れることができるようになった明治以降のものですが、三人の人生は、まさに、初めに記した《故郷》の歌詞の如く歩まれました。司馬は、小説の冒頭部分でその様子を次のように語ります。

「『明治』という時代、殊に維新の成立と同時期に生を受け、新興国家の青春時代に自らの青春を重ねる若者達は、一人一人が国家の興亡を担わんという客気を胸に成長した。」

本書で唱歌教育成立の中心的人物として扱っている伊澤修二も、やはり維新国家の青春時代に自らの青春時代を生きた人物でした。信濃から一〇代半ばで上京して、二〇歳そこそこで文部官僚として教育行政に携わるようになったという背景があり、生半可な気持ちでの仕事ではなかったでしょう。血こそ流れはしませんでしたが、今後の国家を支える人材を育て、国民形成を行っていく必要のある「明治」の学校教育は、まさに国家の興亡を担うと言っても過言ではありませんでした。

唱歌教育は、そのような「明治」の若者の熱い思いから生まれたものとも言えるでしょう。本書では「翻訳唱歌」を中心とし、「明治」という時代の教育文化面における、国民形成の一端を垣間見たいと思います。

佐藤慶治

翻訳唱歌と国民形成／目次

凡例

《　》楽曲のタイトルに使用：例　《仰げば尊し》
（　）外来語の原文表記や付記したいことの記述に使用：例　イデオロギー（ideology）
「　」文中における引用や、強調したい語句に使用：例　「翻訳唱歌」
『　』出版物、著作物のタイトルに使用：例　『尋常小学唱歌』
〔　〕引用文中における中略の表示に使用：例　〔中略〕

第1章　本書の概要と課題

第1節　本書の視点

本書は、明治期の唱歌教育を概観し、「翻訳唱歌」について、また「翻訳唱歌」が当時の唱歌教育の形成、ひいては国民形成において果たした役割を論じるものである。一八七二年の「学制」という日本で最初の近代的学校制度を定めた教育法令の発布により、小学校の一教科として「唱歌」が定められ、一九四一年に国民学校の「芸能科音楽」へと発展的に解消した。

作曲家で音楽評論家の堀内敬三は、唱歌を「初等・中等の学校で教科用に用いられ、日本語で歌われる、主として洋楽系の短い歌曲」と定義付けた。また歌詞は「教訓的および（あるいは）美的な内容をもち」、曲は「欧米の民謡・賛美歌・学校唱歌および平易な芸術的声楽曲からそのまま」とられるか、もしくは「それらの型によって邦人の創作した小歌曲、および少数の日本民謡やわらべうたをふくむ」としている。[1]

これを踏まえて本書における用語の確認をしておくと、唱歌教育というのは教科としての「唱歌」のことであり、単に唱歌と言う場合は《仰げば尊し》や《春の小川》などの唱歌教育において使用された楽曲、もしくは唱歌教育で使用された楽曲に準じて作られた楽曲のことを表している。

戦前の唱歌教育は、情操教育を主な目的に掲げる現代日本の「音楽」教科と比べて、その主たる目的も役割も大きく異なっていた。唱歌教育の開始された明治初期において、新政府は、国民意識の確立――「国民形成」という大きな課題を抱えていた。

織田信長以来、日本列島の政治的な統一は確かに存在し、また年貢制度（税制）や検地など、明治以降の日本社会の原型となる制度も全国的に普及していたが、しかし江戸時代までの日本列島における「国」の概念は、現代日本の我々がイメージするものとは相当に異なっていた。当時の人々が「国」という言葉で思い浮かべるのは、「日本」や「アメリカ」や「ドイツ」のような「国民」、「領土」、「主権」を持った「国」——国民国家ではなく、「肥後国」や「筑前国」、「薩摩国」などといった行政単位における地理区分の「国」すなわち令制国であった。人々の帰属意識の限界もおそらくその辺りであっただろう。

さらに言うならば、一八六九年の開拓使設置によって日本に編入された蝦夷地（北海道）と一八七二年から一八七九年にかけての琉球処分で日本へと組み込まれた琉球（沖縄）は、それまで政治単位としての「日本」ですらなかった。

このような状況の日本列島に、イギリスの政治学者ベネディクト・アンダーソン（Benedict Anderson）の言う「想像の共同体」を生み出し、日本国という国民国家を成立させるにあたっては、民の国民意識、すなわちナショナル・アイデンティティ（national identity）を創出することこそが最重要の課題であった。

ここで大きな役割を果たすのが音楽である。西洋諸国でも、近代化にあたって国民が音楽を共有し、皆で同じ歌を歌うことによって連帯意識を高め、近代国家を作り上げていったという前例があった。この一例として、一九世紀のイタリア統一運動で、ジュゼッペ・ヴェルディ（Giuseppe Verdi）作曲のオペラ『ナブッコ *Nabucco*』の合唱曲《行け、我が想いよ、黄金の翼に乗って》がイタリア人たちの連帯意識を高める役割を果たしたという有名な逸話が挙げられる。[2] このような歌の機能について、アンダーソンは以下のように述べている。

たとえば国民的祭日に歌われる国歌を例にとろう。たとえいかにその歌詞が陳腐で凡庸であろうとも、この歌・唱には同時性の経験がこめられている。正確にまったく同じ時に、おたがいまったく知らない人が、同じメロディーに合わせて同じ歌詞を発する。〔中略〕我々は、我々が歌っているちょうどその同じときに、同じように、他の人々もまたこれらの歌をうたっているということを知っている。しかし、かれらが誰なのか、いやそれどころか、かれらが声の聞こえないところで歌っていれば、どこで歌っているかすら、我々にはまるでわからない。我々すべてを結び付けているのは、想像の音だけなのだ。[3]

ここでアンダーソンが言及しているのは国歌についてではあるが、小学校という「同じ場所」で、唱歌という「同じ歌」を皆で歌う唱歌教育は、「音楽」というより「想像の音」として意味化されているという点で、国歌に準ずる機能を持っていると言えるのではないだろうか。実際に唱歌教育が始められた目的としては、人々の情操を豊かにするためでも、日本を文化的な大国としていくためでもなく、国民を教化して正しい方向に導き、秩序正しい社会を作っていくということが大きかった。[4] 現在でもそのような方向性から唱歌教育の復活や再評価を望む意見がしばしば見られる。[5]

また教化という点について、アンダーソンは歌詞が「陳腐で凡庸であろうとも」関係ないとしているが、賛美歌や軍歌の例に見るまでもなく当然ながら歌には歌詞によって人を感化するという機能があり、唱歌教育についてはその点が大変に重要な要素である。そもそも明治期においては「人々の西洋音楽の未習熟もあって、唱歌は一般的に、音楽の問題としてではなく、歌詞の問題として考えられる傾向が強かった[6]」。以上のことから、本書では主として唱歌の歌詞に関する考察を行う。

本書においては、「国民形成」と並ぶ重要な概念として「翻訳唱歌」がある。「翻訳唱歌」とは外国、主として欧米の民謡や愛唱歌や学校唱歌等の旋律に日本語の歌詞をつけ、日本の学校教育において歌われた楽曲を意味しており、日本人の作詞作曲による「和製唱歌」の対義語として諸所の文献で用いられている。[7]「翻訳唱歌」の代表的な楽曲としては、例えば二〇〇六年に文化庁と日本ＰＴＡ全国協議会が選定した「日本の歌百選」に含まれている

《仰げば尊し》、《埴生の宿》、《蛍の光》、《旅愁》などが挙げられるだろう。[8]

明治政府が必要とした、学校教育で「皆が同時に歌う」のにふさわしい歌は、江戸時代までの日本には存在していなかった。このため初期の唱歌教育では多くの楽曲が西洋から輸入された「翻訳唱歌」であり、「和製唱歌」はそれに倣って作られてきたという歴史がある。唱歌、童謡、日本歌曲の研究者である藍川由美の言葉を借りるなら、「好むと好まざるとに拘らず、これ〔翻訳唱歌〕が近代日本の歌の礎となった[9]」のである。「翻訳」と言うと、現代の日本における一般的な意味合いとしては、異なる言語間におけるテキストの訳出ということが第一に来る。しかし、「翻訳唱歌」について言えば実際には必ずしもそうではなく、むしろ翻案であったり、原詩とは全く関係のない歌詞がつけられることの方が多かった。この点で「翻訳唱歌」という用語は学術的な使用がしづらくなっているが[10]、そもそも「翻訳」という言葉は隠喩として使用されることによって、文化人類学における「文化の翻訳」という概念などのように多義的な意味を持つものである。

哲学者の大橋良介は「人間存在そのものが、本質的に『異領域間』的であり『翻訳』的だ[11]」としており、翻訳についいて「ふつうの意味での翻訳においては、原書と訳書では、言語は異なっているが、あくまでも同一性の保持が基軸となる。しかし、異領域間の翻訳に際しては、むしろ作品の差異化がより重要な眼目となる[12]」というふうに「翻訳」の意味を拡大して考察する。これに基づくならば、異文化間における文化の移動や交流とも表現できる「翻訳唱歌」は「翻訳」という言葉を冠されるのに相応しく、またそれを分析する際は作品間の差異化に着目してみるべきだと言えよう。

第2節　先行研究、問題意識と研究課題

先行研究

本書は、上記のような視点に基づき、「翻訳唱歌」の分析を中心として、明治期唱歌教育についての考察を行うものである。本書の中心となる独自の手法としては、「翻訳唱歌」の歌詞と原曲の歌詞を比較分析し、その差異より日本側で後付けされた要素、すなわち明治政府が唱歌の歌詞によって人々を感化したいと考えていたその内容を導き出すというものがある。これによって唱歌歌詞の中の、西洋から受容した要素と、日本側で後付けられた要素を導き出し、明治政府がどのような「国民」を形成したかったかということを実証的に分析できるが、この手法を用いるためには「翻訳唱歌」の原曲が判明していなければならない。次に挙げる研究と、その成果としての著作は、本書とは研究課題や研究の視点が異なってはいるが、「翻訳唱歌」原曲の発見という点で本書の直接的な基礎資料になるものである。

その研究とは、櫻井雅人、ヘルマン・ゴチェフスキ、安田寛の共著による『仰げば尊し　幻の原曲発見と「小学唱歌集」全軌跡』（東京堂出版、二〇一五）である。この著書は、英米歌謡の研究者である櫻井の調査によって、永らく不明であった《仰げば尊し》の原曲が二〇一一年に解明されたことを契機とし、唱歌研究者の安田、音楽学者のゴチェフスキを加えた三名が、日本最初の官製唱歌教材である『小学唱歌集』の共同研究を行い、その成果を全一二章の本文と、全九一曲の原曲リストとして纏めたものである。本文については大まかに三部構成となっており、原曲調査のこれまでの動向やその探索方法について纏められた第一～四章、樹形図によって世界における歌の

複雑な系譜を提示し、「原曲」の概念を定義付ける第五章、アジア太平洋の賛美歌やプロイセンの教育的民謡と『小学唱歌集』とのつながりを分析することにより、世界史における『小学唱歌集』の意義を検討している第六〜一二章という分け方ができる。しかし、安田の記したあとがきにある「真の本文は、巻末の原曲一覧表かもしれない。本文は巻末の表の作成過程と表の一つの読み取り方を例示した解説である」[13]という言葉からもわかるように、この著作の最大の美点はやはり『小学唱歌集』の原曲をすべて掲載しているということにある。本書では同あとがきの「読者は解説を参考にして、別の新しい『解説』を考えたり、書いたりすることができる」という記述を出発点とし、第三章で『小学唱歌集』に掲載されている「翻訳唱歌」楽曲の歌詞比較分析を行うとともに、明治期唱歌教育における「翻訳唱歌」の役割を論じる。すなわち本書は、『小学唱歌集』と、その後の「翻訳唱歌」の日本史的な意義を問うものと言えるだろう。世界史における歌の樹形図を研究の中心とする『仰げば尊し　幻の原曲発見と「小学唱歌集」全軌跡』では、ある「翻訳唱歌」楽曲の直接の出典を「もとうた」、一番初めに作られたおおもとの旋律を「原曲」、その中間にあるものを「節点」などという風に使い分けているが、本書は、あくまで「日本における唱歌の成立とその発展」や「翻訳唱歌」における翻案について論じるものであるため、「翻訳唱歌」楽曲の直接の出典のみを、「原曲」として扱う。以下、その他の先行研究についても順次記述していく。

長谷川由美子の博士論文「明治期唱歌集における西洋曲の研究」（筑波大学博士学位請求論文、二〇一二）については、第四章で複数の原曲情報を引用した。同論文は全五章の本文と、三六〇ページ以上の膨大な資料集から成る論考である。本文においては明治期に出版された唱歌集が調査され、現存数とその内訳について明らかにした上で内容などの分析が行われており、当時の文部省が買い入れた楽譜などとの関連から、西洋曲がどのように日本に入り明治期の唱歌集に収録されて流布したかという、明治期における西洋曲の受容史が論じられている。全五、〇九八曲の唱歌を旋律グループで区分けして調査しているこの論文は、膨大なデータ化資料に基づいた新しい知見を生み出しており、特に歌詞について論じられた第五章の第一部と第二部は本書の重要な先行研究となる部分である。資料集では、「明治期の唱歌集における西洋曲」の情報が概観できるように記載されている。

日本音楽教育史の先行研究としては、山住正巳の『唱歌教育成立過程の研究』（東京大学出版会、一九六七）がある。これは本書の中心的な研究対象時期より少し前の日本における学校音楽教育揺籃期に焦点を当てた研究であり、「学制」の公布で「唱歌」という教科が誕生して以降の、文部省における音楽取調掛設立の過程とその取調掛による『小学唱歌集』の編纂過程、音楽取調掛が東京音楽学校へと移行するその経緯、『祝日大祭日唱歌』の成立過程などについて、豊富な一次史料を基に詳細な分析を行っているものである。

同系統の研究としては、岩井正浩の「子どもの歌の音楽文化史的研究：日本伝統音楽を視座とした一九〇〇－一九四〇年の展開」（神戸大学博士学位請求論文、一九九五）を挙げたい。この研究は日本における「子どもの歌」、すなわち「学校唱歌」と「童謡」と「わらべ歌」を三極的な構造で捉え、それらの影響力が強かった一九〇〇－一九四〇年を研究対象時期としており、その時期における「子どもの歌」について日本伝統音楽を基準として分析し、日本音楽史の中に位置付けている。本書の第5章で扱う『尋常小学唱歌』についても、「小学唱歌教科書編纂日誌」を丹念に検討することで、その成立過程を明確な形で描き出している。

本書の主要な研究対象人物である音楽取調掛長の伊澤修二について、その背景と思想をそれまでにないほど纏まった形で提示しているのが奥中康人『国家と音楽　伊澤修二が目指した近代』（春秋社、二〇〇八）である。奥中の研究では、明治初期の日本近代化における音楽の必要性が、伊澤修二を中心とした形で論じられている。打楽器ドラムの受容や岩倉使節団を扱った前半では、近代化の文脈にある日本政府にとってなぜ「西洋の音」が必要だったのかということを、また、伊澤を伝記的な形式で描く後半では、伊澤がどのように音楽を考えていたのかということを論じ、当時の音楽と近代化の関係について検討している。

やはり本書の主要な研究対象人物である田村虎蔵の唱歌教育について分析を行っているのが杉田政夫『学校音楽教育とヘルバルト主義』（風間書房、二〇一五）である。明治期の唱歌教育に見られるヘルバルト主義的要素を考察の中心とするこの著作では、ヘルバルト主義における音楽教育の特徴が描き出されるとともに、ヘルバルト主義を唱歌教育に取り入れた田村の唱歌教育観が丹念に検討されている。『小学唱歌集』から『尋常小学唱歌』までの明治期を通じた唱歌教育の分析が行われているという点からも、本書の直接的な参考文献と言える（ヘルバルト主義について第4章を参照）。

歌詞を対象とした考察を行っているという点で、山東功『唱歌と国語　明治近代化の装置』（講談社、二〇〇八）も注目に値する。国語学が専門の山東は「唱歌における文法」をキーワードとして明治期を通じた唱歌教育の分析を行っており、近代化と唱歌歌詞文法の深いつながりを論じている。『小学唱歌集』の唱歌歌詞や、本書の第4章で扱う民間製唱歌集の『明治唱歌』における唱歌歌詞を研究対象にしているという点で、本書の主要な参考文献になるものである。

問題意識と研究課題

明治期の唱歌教育に関する先行研究には、大別して以下の三つの問題が存在する。

①論点が『小学唱歌集』を含めた最初期に集中し、その後、唱歌教育がどのように発展していったのかという視点が不足していること。その結果、明治期の唱歌教育をその後の時代における唱歌教育に結びつけて論じることが難しくなってしまっている。

②唱歌楽曲の歌詞分析が十分に行われていないということ。『小学唱歌集』に関しては、近年、研究が盛んに行われていることもあり、『仰げば尊し　幻の原曲発見と「小学唱歌集」全軌跡』のような研究も存在するが、その

他の唱歌集の楽曲に関しては歌詞分析が不十分である。

③日本国内での事象のみが着目され、西洋との比較考察が十分ではないこと。ナショナリズムとも深く関わっていた唱歌教育は、現代の日本において戦前の国粋主義における悪しき産物のように語られることがあるが、そうであればその源流である西洋音楽と比較し、それが日本のみの事象だったのかどうかを探る必要がある。

これらの問題を解決する上で有効なのが、前述の「翻訳唱歌」歌詞内容の比較分析である。「翻訳唱歌」の歌詞は必ずしも正確な翻訳がなされているわけではないが、欧米の教育思想や文化を日本の社会的状況に合わせた形で伝えているものも多く、原曲歌詞との比較考察を行うことにより、当時の日本で必要とされていた教育や社会的状況を明らかにすることが可能になる。

本書は五章立ての構成である。本章では本書に関する先行研究や基本的な視点を提示し、さらに残りの四章における研究課題としての以下の諸点について概説する。各課題は第2章以降の各章と対応している。

第一に、「翻訳」は明治期の日本における「国民形成」とどう関わっていたのかということ。第二章では「翻訳」を中心として日本の近代化を分析し、「翻訳唱歌」の源流が西洋の「コントラファクトゥーア（Kontrafaktur）」すなわちプロテスタント（Protestant）教会における賛美歌の作成法にあると位置づけて考察を行う。西洋の近代化もルター（Luther）らによる「聖書の翻訳」に端を発したものであり、その文脈の中に位置づけられる「コントラファクトゥーア」がどのようにして明治期の「翻訳唱歌」へ結びついたかということについて、米国の音楽教育界を媒介とした比較文化史的な形で論じる。

第二に、『小学唱歌集』においては「翻訳唱歌」がどのような役割を果たしていたのかということ。日本初の官製唱歌教材である『小学唱歌集』の楽曲については、編纂当時、西洋音楽の語法で作曲をできる日本人がほとんどいなかったということもあり、掲載されている全九一曲中八一曲が「翻訳唱歌」であった。「翻訳唱歌」を中心として編纂されたと言えるこの教科書の楽曲は、教育学者の唐澤富太郎によって、その歌詞内容から「君が代、忠君愛国」や「自然」や「教訓」の項目に分類されている。第3章では、それぞれの項目の唱歌歌詞が原曲歌詞と比べてどのような改変を施されているかということを分析し、その結果を中心として『小学唱歌集』についての考察を行う。

第三に、「検定教科書時代」に作られた民間製唱歌教科書は、それぞれどのような特徴を持っていたのかということ。『小学唱歌集』から影響を受けて編纂された重要な民間製唱歌教科書である『明治唱歌』、『小学唱歌』、『教科適用　幼年唱歌』、『教科統合　少年唱歌』の四組が本書における研究対象である。第4章では、それぞれの唱歌集がどのような西洋文化を受容して、それをどのような形で唱歌に組み込んでいったかということを分析し、「検定教科書時代」における唱歌教育の発展について考察を行う。

第四に、明治期最後の官製唱歌教科書である『尋常小学唱歌』は、それ以前の唱歌教育とどのような関連性を持っていたのかということ。『尋常小学唱歌』には、それ以前に編纂された唱歌集と違って「翻訳唱歌」が一曲も含まれておらず、すべての楽曲が日本人作曲家によって作られたものである。第4章までに考察を行った複数の唱歌集と比較分析することにより、明治期の唱歌教育における『尋常小学唱歌』の位置付けについて論じたい。

第2章　国民形成と「翻訳唱歌」

章の導入

本章においては、第1章でも触れた「国民形成」と「翻訳唱歌」という本書における二つの主要な概念について、「翻訳」をキーワードとして考察を行う。第1節においては国民国家論についての概説を纏めた上で、近代日本における「翻訳」の役割について論じる。第2節では「翻訳唱歌」の源流を西洋に求め、近代日本までの受容の流れを比較文化史的な試みとして分析する。

日本の時代区分として、日本史学では江戸を近世、明治以降を近代と区分する。しかし、そもそも近代とはヨーロッパを起源とする時代区分であり、それを象徴する要素として、ウェストファリア条約に始まる主権国家体制の成立、産業革命による商業中心の経済システムへの転換、市民革命による市民社会の誕生、そして国民国家の形成などが存在する。[1]西洋で誕生したこれらの社会システムが、帝国主義を背景として、一九世紀以降に日本をはじめとする非西洋諸国へ伝わり、浸透していく。これこそが近代化であり、世界中で国境線が引かれ、排他的な国民国家が次々と誕生していった。

日本の近代もこの文脈において位置付けられる。江戸時代の末期になると、日本には西洋列強諸国が来航し、徳川幕府に対して全面的な開国をせまるようになった。幕府はそれに屈し、一八五四年、日米和親条約を締結したことにより、二〇〇年以上にわたる鎖国を取りやめ開国を行う。その時点で日本は近代的国際関係の枠組みに組み込まれてしまったのである。それ以降、日本は西洋列強の植民地となることを避けるべく、否応なく近代化を推し進めることとなった。

徳川幕府に代わって日本の舵取りを行うことになった新政府は、一八六八年に元号を明治と改め、インフラや法律の整備、行政や学校、経済のような制度から、民衆の信仰や食文化、さらには性風俗のような卑俗の部分にまで、余すところなく近代化の手を広げていく。その極端な一例として、一八七三年に施行された刑法典「改定律令」第二六六条、通称「鶏姦規定」を挙げたい。

そもそも一八六八年に混浴を禁止する触れが出されたのを皮切りとして、明治政府は裸体、混浴、性風俗に関するさまざまな禁止政策を打ち出した。「鶏姦規定」すなわち男性同士の性行為を禁じる法令もこの文脈上に位置付けられる。罰則の内容は、「鶏姦を行った者は、それぞれ懲役九〇日とする（ただし鶏姦された側で、一五歳以下の者は処罰しない）」、「（鶏姦における）強姦を行った者は、懲役一〇年とする」というものである。[2]

もとより、「衆道」という言葉で表されるように、江戸時代までの日本列島では、男色行為が武士社会を中心に、当然のものとして存在していた。江戸時代を通じて流行り廃りの変遷はあったものの、明治維新の中軸であった薩摩藩の武士たちを中心として、幕末には再び男色が流行している。しかしまた同時期に西洋より、同性愛をソドミー行為として異端視していたキリスト教の価値観や、精神医学者のジークムント・フロイト（Sigmund Freud）によって創始され、同性愛を異常性愛の一種に位置付けていた近代精神分析学の価値観が流入し始めたことによって、日本においても同性愛を異端視する風潮が生まれた。

日本史学者のゲイリー・P・リュープ（Gary P. Leupp）はこの状況について、「日本の支配層に、西洋国家の敬意を勝ち取り、不平等条約を覆すために、西洋の知識を吸収しなくてはならないという合意ができあがった」とし、オランダやイギリスにおける、同性愛への禁忌的な言説が輸入され、日本の知識人たちがそれを受け入れていった過程を分析している。[3] 例えば、敬虔なクリスチャンでありミッション系の東京女子大学初代学長でもあった新渡戸稲造は、男色について論じており、「原始的で暴力的な衝動だと見なし、精神を教化することによって根絶するべき」[4]ものであると位置付けた。

この男色に関する一連のエピソードで最も重要なことは、「男色の禁止」という近代化の一要素が、自然発生的に日本で生じたものではなく、同時期の西洋文化の影響によってもたらされたものであったということである。これは、明治初期における新しい学校制度や行政制度、文化や、さらには憲法など、他の多くの要素についても同様であった。歴史学者のケネス・B・パイル（Kenneth B. Pyle）は日本の近代化について次のように述べている。

一八六八年、日本の武士的特権階級に属する一党派が権力を掌握し、国家改変の革命的事業に着手した。かれら武士の革命家たちは、一八五三年にペリー提督によって引き起こされた政治的危機を克服しようとする伝統主義的な対応策をしりぞけ、徳川体制を清算し、かれら自身が属する階級の特権を廃止して、日本の伝統的諸要素を情け容赦なく犠牲に供したのである。西洋列強の挑戦に対抗するため、彼らは日本の旧い構造を取り払い、自分たちが敵対している西洋諸国の文明にもとづく新しい政治的、社会的秩序の形成を目指した。[5]

この言説に基づくならば江戸と明治における連続性はほとんどなく、先に挙げた「男色の禁止」の例のように大きな断絶が生まれていることになる。だが、それは唱歌教育を含めた文化分野においても同様であろうか。

文化というのはつかまえどころのない概念であり、「文化は象徴に表現される意味のパターンで、歴史的に伝承されるものであり、人間が生活に関する知識と態度を伝承し、永続させ、発展させるために用いる、象徴的な形式に表現され伝承される概念の体系とを表している」[6]という解釈や、「文化とは特定の集団のメンバーによって学習され共有された、自明でかつきわめて影響力のある認識の方法と規則の体系に対して人類学者が与えた名前である」[7]といった解釈など、実にさまざまな解釈が存在する。

その定義付けは難しいが、ここでは比較文化学者の西川長夫による最も簡潔で包括的な定義「文化とは民族のありようである」というものを挙げたい。[8]「民族というのは〔中略〕、最終的には構成員の帰属意識によって決定する以外にない、曖昧で定義不可能な集団であるが、文化はこれまで、そのように曖昧な集団の概念によって規定されてきた」。

前述のパイルの言説に基づいて考えるならば、日本の伝統的諸要素のうちの文化、すなわち「民族」のありようも、明治維新において、その多くが西洋化の波にのまれてしまったのだろうか。本書ではそれに異を唱える立場、すなわち明治以降も「日本の伝統的諸要素」は形を変えて生き続けていたとする立場で考察を行う。以下の本章においては「国民形成」と「翻訳唱歌」という二つの概念について、「翻訳」という共通項を軸にして論じ、それぞれの起源と日本における成立について纏めたい。

第1節　国民国家論――明治期の国民形成と翻訳――

節の導入

本節では国民国家についての概説を纏めた上で、日本における国民形成について「翻訳」をキーワードとし、その概要を論じる。まず国民国家の定義について見てみたい。種々の文献で引用される国民国家の定義として、歴史学者の木畑洋一による次の論述がある。

国民国家（ネイション・ステイト）とは、国境線に区切られた一定の領域から成る、主権を備えた国家で、その中に住む人々（ネイション＝国民）が国民的一体性の意識（ナショナル・アイデンティティ＝国民的アイデンティティ）を共有している国家のことをいう。[9]

木畑はこの定義について、以下の注が必要であるとしている。まず、「ネイション・ステイトは民族国家と訳されることもあるが、その日本語はここでは用いない」で、「ネイションは日本語の国民に対応するものと見る（民族という日本語については、エスニック・グループもしくはエトノスが対応していると考える）」こと。もうひとつは、「国民的アイデンティティの共有という場合に、そのアイデンティティが他のアイデンティティを完全に排除する形で排他的に抱かれているという状況は想定しない」ということである。前者は複数の民族によって成立する国家の存在を前提としたものであり、また後者は全体主義的な国家と国民国家の差別化をはかった注釈であると言えよう。

木畑の定義のキーワードを抜き出すならば、「領域」と「主権」と「国民的一体性の意識」の三つがそれに当たる。「領域」と「主権」については、近代における国家というものが領有範囲を確定させた上でその圏内における主権を発展させていったという歴史的経緯に鑑みても妥当であろう。とするならば「国民的一体性の意識」すなわちナショナル・アイデンティティについてはどうであろうか。

木畑の定義による国民国家が人類の歴史の中で成立したのはそれほど古いことではなく、「国民国家の歴史はせいぜい二〇〇年ほど」に過ぎない。しかし、その起源を問うならば、それは一六―一七世紀における欧州の絶対主義国家に求められるだろう。ゆるやかな政治および宗教の統合体としての形態をとっていた中世的国家が、この時代に中央集権体制を整え、三十年戦争を通じてさらに力を増す。その結果、講和条約としてのウェストファリア条約によって神聖ローマ帝国の領域内に多数の近代主権国家が生まれた。しかし、この頃の国家は国民国家的な外枠を備えていても、まだ内実まで備えているとは言えない。なぜならナショナル・アイデンティティが決定的に欠けていたのである。

再び木畑によれば、「国民的アイデンティティの創出＝ネイションの創出が、一八世紀以降、とりわけフランス革命以降のヨーロッパにおける国民国家形成の鍵となった」[10]。一八世紀になると欧州諸国間で軍事衝突が相次いで起こり、戦費調達や兵士徴募などの必要性から国家領域内における統合の強化が始まり、結果としてそれがネイションの形成を促進した。また「工業化の進展によって〔中略〕国家内部の多様性が減退し共通の文化、言語を備える国民的アイデンティティ拡大の条件が整ってきた」[11]ということも、ネイションの創出が促された要因の一つとして挙げられる。

こうして他に先んじて国民国家を作り上げたのが、国境線が初めから明確であるという島国の利点を持っていたイギリスと、一七八九年の市民革命によっていち早く市民社会となったフランスの二ヵ国であった。しかし、この二ヵ国においてもナショナル・アイデンティティの形成についてはまだ完全なものではなかった。

一九世紀に入るとドイツやイタリアや日本が先発の国民国家を模倣する形で意識的に上からの国民国家化を進めていくが、例えば一八六〇年代のフランスでも、三七、〇〇〇余りの市町村のうち八、四〇〇近い村ではフランス語が日常言語ではなかった。そのため後発国民国家でナショナル・アイデンティティの構築が推進されていたその時期に、先発国民国家でも標準語の確立などナショナル・アイデンティティの深化をはかる努力が続けられていた。『一国民、一言語、一国家』という国民国家像は、国民国家形成を進める主体にとっての目標であり、一九世紀においても国家の実体を示してはいなかったのである」[12]。すなわち一九世紀から二〇世紀初頭という時期は、各国が「一国民、一言語、一国家」という目標に向かって邁進した時期であったと見なせるだろう。

ここでナショナル・アイデンティティとナショナリズム（nationalism）の区別をつけておきたい。再度確認すると、国民国家の成立には「領域」と「主権」、「国民的一体性の意識＝ナショナル・アイデンティティ」という三つの条件が満たされることが必要である。三つの関係性としては、①国家の「領域」というものが「主権」を持つ存在によって国際関係の場で明確化され、②「主権」は「国民的一体性の意識」に裏付けられた国民形成、つまりは国民の統合によって強化される。

後者については社会学者イマニュエル・ウォーラーステイン（Immanuel Wallerstein）による次の記述で説明できるだろう。「一地域で支配権を握っている社会層が、その下の階層に萌芽的な階級意識が芽生えて脅威に晒された場合、地域文化の重要性を強調することがその地域の内紛を抑え、外部勢力に対抗するための連帯感を生みだすことになる[13]」。

これらのことから、「国民的一体性の意識」に裏付けられた国民形成こそが、「領域」と「主権」の背後に存在する国民国家形成の要であると言える。そのようなナショナル・アイデンティティを形成するのに用いられるイデオロギー（ideology）の総体こそがナショナリズムなのである。

国民国家研究における二つの集団

西洋史学者の伊藤定良は国民国家とナショナリズムの発生史に関する研究について、主要な研究を大きく二つの集団に分類している。第一に、「ネイション（国民、民族）を近代資本主義社会の産物として見なすのではなく、近代以前との連続性において捉えようとする[14]」集団である。日本におけるその代表的な研究者としては、言語学者の田中克彦が挙げられる。その論述を以下に引用する。

母語によって結ばれた一つの言語共同体は、一八世紀末頃からは「民族」形成の道へ進み、それに伴ってそれぞれの民族は、それぞれの母語を民族語（Nationalsprache）へと高めた。このこととまったく並行して、国家、もっと厳密に言えば民族国家（Nationalstaat）所有への願望があらわになってくる。こうした一連の過程を見れば明らかなように、国家、言語、民族というこれら三つの項目は、実に切り離しがたい関係にあることが理解されるであろう。[15]

ここで田中は同じ母語を持つ人々に着目し、「民族形成」と「民族語」と「民族国家」の分かち難い関係性を論じている。国民国家形成におけるこのような連続性を指摘する議論は、一九七〇年代に急激に発展したエスニシティ（ethnicity）研究の分野においても存在する。

例えば伊藤は文化人類学者のクリフォード・ギアツ（Clifford Geertz）を第一の集団に入れている。[16]伊藤によれば、ギアツは『文化の解釈学』（岩波書店、一九八七）においてエスニシティを論じるにあたり、血縁や血縁的紐帯意識を土台として独自な文化や言語と生活習慣の要素を重視し、このような「原初的愛着」を新しい国民国家に組み込むべきことを述べ、「原初的愛着」とナショナル・アイデンティティの調整に注目した議論を展開している。

伊藤の挙げる第二の集団は、ネイションが「資本主義的発展過程と不可分な形で形成されたことを主張し〔中略〕、ネイションがナショナリズムという近代の政治運動によって創造されたことを強調する」[17]立場をとるエリック・J・ホブズボーム（Eric J. Hobsbawm）やアーネスト・ゲルナー（Ernest Gellner）、ベネディクト・アンダーソン（Benedict Anderson）らである。

社会人類学者であるゲルナーは、ナショナリズムについて「第一義的には、政治的な単位と民族的な単位とが一致しなければならないと主張する一つの政治的原理[18]」であるとしており、いくつかの重要な特徴によって識別される極めて特殊な種類の愛国主義としてナショナリズムを位置付けている。その重要な特徴というのは「ナショナリズムが忠誠心を捧げる単位は、文化的に同質的で、（読み書き能力を基礎とする）高文化であろうと努力する文化に基礎付けられていること」、「この単位は読み書き能力に基礎を置く文化を存続可能にする教育システムを維持しようとする希望に耐えるに十分なほどの大きな単位であること」、「この単位はその中に強固な下位集団をほとんど持たないこと」などである。[19]

ゲルナーの述べるこれらの特徴は、ナショナリズムが読み書き能力に基礎を置いた同質的で高度な文化を必要とする「単位」、すなわち資本主義的近代の工業社会において初めて成立したものであることを示している。ヨーロッパにおいては国民国家が形成される過程を通じ、「国語（national language）」がその土台となった。[20] もちろん近代以前より、イギリスにおいては英語が、フランスにおいてはフランス語が話されていたが、「読み書き」については裕福な層に限られている。貴族や聖職者や知識人の読み書きはラテン語が基本であり、それによってヨーロッパ全域に言わば「グローバル」な共通文化が形成されていた。それが徐々に解体され、一八世紀半ば頃より民衆の話し言葉をもとにした標準的な読み書き言葉である「国語」が個々の国家の文化の基礎として整えられていったのである。

歴史学者のホブズボームもゲルナーと同様に、ナショナリズムは近代の産物であり、国民がナショナリズムによって形成されたということを強調して議論を展開している。ホブズボームは「伝統」というものに注目し、国民祭典や儀礼、象徴の創出などの観点を通じてナショナリズムの問題を論じた。その際ホブズボームは著書のタイトルでもある「創られた伝統」という言葉を頻繁に使用しており、それを「通常、顕在と潜在とを問わず容認された規則によって統括される一連の慣習であり、反復によってある特定の行為の価値や規範を教え込もうとし、必然的に過去からの連続性を暗示する一連の儀礼的ないし象徴的特質[21]」と定義付け、ナショナリズムの人為的特性を論じている。

また、政治学者のアンダーソンは、ナショナリズムの特徴をその文化的な形成過程に求めている。前章においても引用したが、著書のタイトルである「想像の共同体」という言葉はあまりに有名であろう。アンダーソンはこの著書において、「わたしの理論的出発点は、ナショナリティ〔中略〕、ナショナリズムと共に、特殊な文化的人造物であるということにある」とし、さらにはこの二つについて、「一八世紀末にいたっておのずと蒸留されて創りだされ、しかし、ひとたび創りだされると、『モジュール〔規格化され独自の機能をもつ交換可能な構成要素〕』となって、多かれ少なかれ自覚的に、きわめて多様な社会土壌に移植できる」ようになったと論じている。[22]

このアンダーソンの「モジュール（module）」は、さまざまな研究で引用されており、例えば前述の西川は、これを以下のように拡大的に解釈して論じている。

私はアンダーソンの用法をいくらか修正して、建築用語や宇宙ロケットの用語に近づけ、国家装置を主として念頭に置き、国家装置とそれが生み出すイデオロギーについて「モジュール」という用語を使いたいと思う。これは、〔中略〕国民国家の人工性に目を開き、国民国家の移植の問題やひいては国家間システムの形成の問題に新しい観点を導入する。この観点に従えば、たとえばわが国における陸軍はフランス、海軍はイギリス、教育はアメリカ、皇室はイギリス、憲法はドイツから等々といった移入の仕方は、けっして異常ではなく、後発国の国民国家形成にとっては正常なあり方であるということになるだろう。[23]

つまり、軍、教育、皇室、憲法といった「国家装置」は、近代国家において不可欠なものだが、その不可欠さと、先発国民国家から後発国民国家へ移植可能であるという二つの性質こそに「モジュール」の特徴が存在すると言えるだろう。

また、アンダーソンは国民を「イメージとして心に描かれた想像の政治共同体である」と定義付け、思想家エルネスト・ルナン（Ernest Renan）の「国民の本質とは、すべての個々の国民が多くのことを共有しており、そしてまた、多くのことをおたがいすっかり忘れてしまっているということにある」という言葉と、ゲルナーの「ナショナリズムは国民の自意識の覚醒ではない。ナショナリズムは、もともと存在していないところに国民を発明することだ」という言葉を引用することによって、ナショナル・アイデンティティやナショナリズムの虚構性と人工物的性質を指摘している[24]。

以上のように、伊藤はナショナリズムの発生史研究を大きく二つの集団に分けている。しかし「一部においては、両者が必ずしも完全に排除し合うものではなく、力点の置き方の違いを残しながらも、重なり合う部分もないわけではない[25]」とし、その折衷をはかる立場として社会学者のアントニー・D・スミス（Anthony D. Smith）を挙げる。

アントニー・D・スミスの議論

スミスは第二の集団が主張するような国家や国民の近代的性格を認めた上で、それが、それより前の深いルーツ、すなわち前近代のエスニック・アイデンティティ（ethnic identity）を持つものであるということを強調し、近代主義的ネイション解釈の修正をはかっている。彼は近代以前のエスニック共同体を「エスニー（ethnie）」と表現しており、これを「集団に固有の名前」、「共通の祖先に関する神話」、「歴史的記憶の共有」、「集団独自の共通文化」、「特定の『故国』との心理的結びつき」、「集団を構成する人口のおもな部分における連帯感」という六つの属性を持つものと規定している[26]。

また同様に、スミスはナショナル・アイデンティティの基本的特徴を「歴史上の領域、もしくは故国」、「共通の神話と歴史的記憶」、「共通の大衆的、公的な文化」、「全構成員にとっての共通の法的権利と義務」、「構成員にとっての領域的な移動可能性のある共通の経済」という五つに纏めている。[27]

エスニーとナショナル・アイデンティティの共通項は「共通の神話と歴史的記憶」と「共通文化」の二つであろう。国民国家を形成する上で、その紐帯として働くのが共通の神話と歴史的記憶を軸にした文化共同体というエスニック要素であり、それこそがナショナル・アイデンティティが形成される際の核であると言えよう。

先にも述べた「国語」であるが、これも神話や歴史的記憶によって近代以前から連続しているという解釈ができる。例えば近世から近代のドイツでは、ルターの聖書翻訳やヘルダー（Johann Gottfried von Herder）の民謡収集、グリム（Grimm）兄弟の童話収集などがそれにあたるだろう。

特にルターの聖書翻訳は重要であり、ドイツのルター以外にも、英語に翻訳したウィクリフ（Wycliffe）とティンダル（Tyndale）、フランス語に翻訳したオリヴェタン（Olivétan）など、近代以前の欧州各国において同様の聖書翻訳が行われていた。政治学者の施光恒は、これについて以下のように評している。

おそらく宗教改革者たち自身も当初は予見していなかったことだろうが、聖書翻訳は、各地域の「土着語」の発達を大いに促した。〔中略〕各地域の「土着語」は、書き言葉としては未熟な言語で、抽象的な語彙がほとんどなく、文法も正書法も未整備だった。宗教改革者たちは、翻訳を通じて、それぞれの「土着語」に新しい語彙を作り、文法を整備し、正書法を提案していった。〔中略〕各地の「土着語」は、宗教問題、道徳、歴史など抽象的で深遠な事柄を語ることのできる言語へと発達を遂げた。「普遍語（ラテン語）」で書かれた聖書を「土着語」に翻訳するという知的な営みは、ヨーロッパの各言語が「土着語」から「国語」へと発展する契機となったのだ。[28]

一九世紀以降においても、もちろん、スミスの言うエスニック要素が近代化に際して働いた部分は大きい。例えば音楽や絵画や演劇などの芸術は、前近代のヨーロッパにおいては王侯貴族や一部の知識層のみが楽しんでいたものであったが、そのような集団における共通文化が、近代化の過程でその国の国民文化として共有されるようになっていった。[29] 作品そのものは近代以前より存在していたわけであり、この点、「創られた」というよりも、ある一部の集団のものだった文化に対して、国民文化としての新たな「伝統」の意義が付加されたと言うべきであろう。

しかし日本の場合は少し事情が違う。前述のパイルも論じているように、「西洋」というあまりに異質の要素を受け入れる必要があったからだ。この点でスミスは日本の近代化に着目しており、『ネイションとエスニシティ』における「日本語版への序」において次のように語っている。

日本は十九世紀に多くの急激な変化を経験しているにもかかわらず、過去から連続しているものを大切にし、エスニックな要素が絶えず再生している〔中略〕。一八六八年の、明治維新ののち、国民国家が誕生し、明治の改革者たちは、同等な条件のもとで西洋と競争するために、意図的に日本の国家と社会の強化に乗りだし、近代化のために必要であると思われるものはなんでも、輸入しました。この点で、日本はたいへんな成功をおさめました。しかし、明治の改革者たちは、欧米化や経済的な近代化をおこなおうとするさい、古代からある日本の文化や伝統にも気配りをして、両者のあいだのバランスを重視しました。彼らは近代化による諸改革を実行するにあたり、天皇崇拝と、神道に依拠した昔より慣れ親しんできた諸々の儀式との大切さを訴え、これによって、諸改革を強化しました。〔中略〕日本はたしかに、歴史的過程で日本文化の連続性を重視し、同時に近代的なネイションを発展させるという経験をしました。[30]

スミスの言う日本の近代化の特異性は、「欧米化に際して、欧米と日本の両者のあいだのバランスを重視した」という部分にある。すなわち日本の近代化は単純な西洋化ではなく、日本文化の連続性を重視し、近世のエスニック要素を要にしたものだったのである。

日本の近代化と「翻訳」

日本の近代化における特異性については、多くの識者たちがさまざまな表現で言及している。例えば作曲家の黛敏郎は、日本にはさまざまな替え歌が見られるという例を挙げ、次のように論じている。

考えてみると日本の文化というものは、極論すれば「替え歌文化」であったといういいかたも成り立ちます。もともと日本は文化の輸入大国でした。思想にしても宗教にしても、文化はいつも外国からもたらされた。〔中略〕日本人は、外国の文化をただ輸入し、模倣しただけではなかった。これが日本人の優秀性のあらわれと私には思えるのですが、その輸入した文化をたくみに同化し、日本化したのです。〔中略〕日本文化の替え唄的性格は、明治の文明開化以来、ますます強化されてきました。ある場合には日本への同化であり、また、ある場合には意識的に換骨奪取を意図した、旺盛なパロディー精神の発露でもありました。[31]

ここで黛は、「漢字からかな文字をつくった」ことや、平安中期の『和漢東朗詠集』における漢詩の和歌化、さらには文学者の大和田建樹の作った明治の「翻訳唱歌」などを例として用いており、日本の「替え唄文化」自体が旧くより育まれてきたエスニック文化であったということを示唆している。

これは文学の研究者からも指摘されていることであり、「日本という翻訳の宇宙」と題された座談会において、比較文学者の芳賀徹は次のような指摘を行っている。

日本の文化史をみてみますと、すでに古代から、中国やインドのものを、漢文、漢詩、あるいは仏教というかたちで取り入れてきたわけですが、その過程では必ず一種の翻訳が行われていました。徳川の蘭学の時代もありましたし、明治以降はいうまでもなく、政治、経済、哲学の問題から文学の表現まで、一斉に、すべて翻訳を通して西洋の文化を摂取してきました。〔中略〕ことに、日本の文化史上、大きな変換期を迎えたときには、いつも翻訳が非常に重要な役割を果たしてきたのです。[32]

この指摘において重要なことは、芳賀の言う「一種の翻訳」が、必ずしも「言語間のテキスト訳出」の意味のみならず、「文化の翻訳」を含めた広義の「翻訳」を示しているということである。芳賀が挙げている中の例えば仏教では、主として中国大陸を通じてブッダの教えが受容され、日本においてはいわゆる「十八宗」の形に発展してきたのである。

この芳賀の指摘を受けて、日本文学者のドナルド・キーンは「日本では、翻訳というものが長いあいだの習慣として根づいていたといえるでしょう。翻訳の土壌がある文化と、そうでない文化があると思うんですよ。ヨーロッパ諸国は基本的に、よく翻訳をするほうですね[33]」として、「翻訳」文化という、日本とヨーロッパ諸国との共通点を挙げている。

ここで、たいていの日本史教科書に掲載されている岩倉使節団の写真を見てみたい[34]。全権大使の岩倉具視が中心に座り、その両側には副使の木戸孝允と大久保利通、また伊藤博文と山口尚芳が洋服を着てシルクハットを持った姿で写っている。岩倉もよく見てみると、髪型と服装こそチョンマゲに和装であるが、西洋風の靴をはき、やはりシルクハットを手に持っている。ここには初めて触れた西洋文明にショックを受け、それにのめり込んでいこうとする岩倉使節団の姿がある。それは同時に、西洋化による近代化をめざした当時の日本全体（もしくは指導者たち）の姿勢でもあった。

しかし、ここで注目したいのが西川の言う「使節団の派遣に見られる独自的な世界認識の仕方と国際社会への参入の仕方」である。欧米一二ヵ国という多数の国々（当時の先進国のほとんどすべてである）に大規模な使節団を送り、しかもそれぞれの国について徹底的な視察を行うというのは、それまでの例においてなかった。「使節団がもたらしたもの、すなわち彼らが何を見、何を見なかったかということは日本の将来にとってきわめて重要な意味を持つが、それ以前に使節団がこのような形をとりえたところに、日本における国民国家形成の独自性」があった[35]。西川はその理由として、日本が列強による植民地化をまぬがれた独立国であったということを挙げている。つまり、ある国の植民地であった場合は否応なしにその国の社会制度や文化のみしか受容できないことになるが、独立国であった日本はその限りではなかったということである。

この独自性の持つ大きな意義として、それぞれの諸要素において、複数の国から選定した最も良いもの、もしくは日本の風土にあった（日本化しやすい）ものを取り入れられたということがある。例えば大日本帝国憲法については一八五〇年発布のプロイセン王国憲法がその参考とされており、これはプロイセン王国憲法が当時の日本の目指していた立憲君主制を強く打ち出したものだったからという理由に基づく。「日本の文化や伝統にも気配りをして」近代化することができた背景としては、このことが大きかったであろう。

明治維新後、しばらくの間、民衆間でも文明開化の気運が高まり、日本全体が、西洋から押し寄せる新しい近代文化の波を必死で受け入れた。男性の散切り頭はその象徴である。比較文学者の大久保喬樹は、この当時の状況を以下のように描写している。

当時の代表的知識人福沢諭吉の『西洋事情』(慶応二–明治三年〔一八六六–七〇〕)がベストセラーになれば、ベテラン戯作者仮名垣魯文は早速、これに目をつけて、弥次喜多の孫たちがロンドンの万国博覧会見物に出かける道中、馬鹿騒ぎをくりひろげるという趣向の『万国航海　西洋道中膝栗毛』(明治三–九年)を刊行、これまた、庶民に大うけという具合で、世の中こぞって、西洋にあらずんば文化にあらずというご時世だった。そうした中で、伝統日本文化は社会の片隅に追いやられ、ひっそりと余命をつなぐといった気配であり、日本文化論などもなかなか前面に登場する機会がなかった。[36]

さらに大久保は、「こうした一方的な状況は、明治二〇年代に入るあたり」まで続くとしている。しかし見方を変えれば、西洋の近代的な制度や技術を多く紹介している『西洋事情』のような本が、幕末にすでに日本語で出版されてヒット作となり、そこから庶民が西洋文明に関する知識を得ていたというのは画期的なことではなかろうか。また『万国航海　西洋道中膝栗毛』は言うまでもなく十返舎一九の『東海道中膝栗毛』をもじったものであるが、この物語は江戸以前の日本で大ヒットした、言わば近世日本人の共通文化である。その登場人物を流用して西洋文化を紹介するというのは(作者の魯文は英語の読み書きができたため、西洋文物に関する正確な知識を持っていた)、エスニック・アイデンティティに基づいた近代化の一種と言えるかもしれない。

福沢は全集の緒言において、「自分の文章は最初より世俗と決心し、世俗通用の俗文をもって世俗を文明に導くこと」[37]と記している。文章の平易を心がける福沢は、文章の草稿を最初に「文字に乏しき家の婦人子供ら」に読ませて、わからないと訴えがあった箇所には、たいてい難しい漢字があてられているのに気づき、それを書き直した。これは前述の施の言説ともつながることである。

施は「ラテン語で記された多様な知が、『土着語』に翻訳される作業を通じて、吟味のうえ、各地域の文化のなかに位置を得て受容される。言わば『土着化』される。この『翻訳』、および『土着化』のプロセスを通じて、各地域の文化は活性化され、多様化[38]するとして、「翻訳」と「土着化」を欧州における近代化の原動力に挙げている。これに近い出来事が当時の日本でもあった。すなわち、西洋からの知の翻訳である。

明治初期における「国語」

開国当時の日本語はさまざまな問題を抱えており、例えば江戸時代は藩単位で言語文化が相当に異なっていたため、いざ日本という統一国家を作ってみたときに、他藩出身の者と、お互い会話が成立しなかったということがある。『方言改良論』（一八八八）で知られる青田節は、同書において「汽車で乗り合わせた仙台出身の女性と話をしたが、訛りが強くて言っていることが理解できなかった。しかし、同じ汽車に乗り合わせていたイギリス人とは、私が少しばかり英語ができるというだけなのに、話が通じた」というエピソードを語り、「小学校の科目のなかに、是非、発音矯正を組み入れて欲しい」として、共通語を普及させる必要性を説いた[39]。また当時の日本語は語彙に乏しく、学術用語や経済用語など近代国家を建設していくために必要な語彙、例えば「社会」や「近代」や「経済」のような現代では当たり前に使われる単語ですらまだ存在していなかった。

これらの事情から、一八八五年に初代文部大臣になる森有礼を中心として、日本語を廃止し英語を公用語化しようとする動きさえ起こったのである。今となっては荒唐無稽な話に思えるが、当時の官僚養成学校であった大学南校や帝国大学では授業がすべて英語でなされており、また日本史や日本文学など日本学に関するもの以外を専攻する学者は、海外留学の経験がなければ「博士」になることができなかった。

さらに、そのような当時の高等教育を受けていた日本人の中には、例えばキリスト教思想家の内村鑑三のように、日本語を話すことはできても読解できない者さえ存在した。このような知識人たちが日本語より英語を重視するようになるのは、ある意味においては当然のことであろう。自身も英語巧者であった森は、さまざまな機会に自身の「英語公用語化」論を主張した。イエール大学のウィリアム・ホイットニー（William Whitney）に対し、「不規則動詞を規則化するなど簡易化した上で、英語を日本の国語にするのはどうだろうか」という書簡を送って意見を聞いたりもしている。[40] しかしこれに対するホイットニーの返答は、おおよそ以下のような否定的なものであった。

母語を棄て、外国語による近代化をはかった国で成功したものはほとんどなく、簡易化された英語であれば、文明の成果を獲得する手段としては覚束ないため尚更である。英語を日本の「国語」とすれば、まず新しい言葉を覚え、それから学問をすることになるため、時間的余裕のある少数の特権的階級と一般大衆との間に格差と断絶が生じてしまう。大衆を啓蒙するのであれば、主として母語を通じて行われなくてはならない。[41]

さらに福沢も、自身の演説などにおいて、「英語公用語化」を推進しようとする森を批判し、また『学問のすゝめ』においては「国の言葉は、その国に書物の繁多なる割合に従って次第に増加し、毫も不自由なき筈のものなり。何はさておき、今の日本人は今の日本語を巧みに用いて弁舌の上達せんことを勉むべきなり」[42]として、英語化を行うよりも、書物を増やし文化を発展させていくことで日本語も自然と豊かになってくるということを論じた。結局、森の言う「英語公用語化」は大勢の支持を得ることなく終わり、代わりに福沢の言う「書物を増やす」目的で西洋諸国からの翻訳を多量に行うという方法がとられた。その中で新しい語彙や概念が日本語の文脈の中に組み込まれていく。これは政治、経済、哲学の概念から文学の表現まであらゆる分野に及び、日本の文脈において改変が行われているものも多かった。[43] 例えば「グリム童話」は一八八七年、菅了法による『西洋古事神仙叢話』の第一一篇で、「灰かぶり」や「蜂の女王」、「十二人の兄弟」などが、道具立てを日本のものに置き換えた翻案の形で初めて受容されている。[44]

節のまとめ

以上、本節では「国民形成」についてスミスやその他の議論を引用する形で纏め、さらに「国民形成」の定義を近代日本に当てはめて考察を行った。「国民形成」はエスニック要素と分かち難く結びついたものである。明治初期の日本において西洋より輸入された文化は、「日本化」すなわち日本の文脈において「翻訳」された上で国民形成の手段として用いられていた。また、広義の「翻訳」について言えば、西洋の旋律を用いて日本語の歌詞をつけて作られた「翻訳唱歌」は、まさしく日本文化の連続性を重視し、西洋より輸入した文化を同化して日本化したものである。

第2節 コントラファクトゥーアに見る「翻訳唱歌」の一源流

節の導入

再び「翻訳唱歌」について確認しておくと、《仰げば尊し》や《蛍の光》、《霞か雲か》など現代でも歌われるこれらの楽曲は、西洋音楽の楽曲を原曲とし、その旋律に日本語の歌詞をつけて作られており、このような唱歌楽曲を「翻訳唱歌」と呼ぶことがある。本節ではプロテスタント教会の賛美歌作成手法であるコントラファクトゥーアを「翻訳唱歌」の一源流として位置付け、その受容の流れを比較文化史的な試みとして分析する。

まず、近代日本における唱歌教育の成り立ちについて簡単に記したい。一八七二年に日本における近代教育の基礎である「学制」が公布された際、小学校の一教科として「唱歌」が定められた。しかし、これは西洋の学校制度を模倣して定められただけのもので、資料や実際の指導者もなくさらには「当分之ヲ欠ク」という注付けがなされており、最初は有名無実な教科であったと言える。

そこで一八七九年に文部省は、西洋音楽の調査のために東京音楽学校の前身である音楽取調掛を創設し、米国留学を終えたばかりの文部官僚の伊澤修二を御用掛（後に掛長）に任命する。伊澤は、米国留学時代に音楽の個人レッスンを受けていたルーサー・ホワイティング・メーソン（Luther Whiting Mason）をお雇い外国人として日本に招聘し、一八八一年から一八八四年にかけて最初の官製唱歌集である『小学唱歌集』全三編を編纂した。この唱歌集は全三編において九一曲の楽曲を掲載している。

当時の日本においては西洋音楽の語法で作曲できる者がほとんど存在していなかったため、そのうちの八一曲が「翻訳唱歌」であり、『小学唱歌集』の場合、主に英米とドイツの民謡や賛美歌、さらにはメーソンの編纂した児童用音楽教材集『国楽大系』の楽曲を原曲としている。[45]『小学唱歌集』における「翻訳唱歌」の歌詞に関しては、「音楽取調掛員たちが原曲の歌詞を翻訳し、次いで曲を分解して日本の伝統的な詩の形式に従って作詞しやすくした上で、分解した曲に合わせて歌詞の修正を加えた」とされている。[46]

すなわち翻訳と言っても純粋に「言語間のテキスト訳出」という意味合いではなく、中には原曲と全く違った歌詞内容の唱歌さえあるが、「翻訳唱歌」と原曲の歌詞を比較分析してみると、賛美歌の歌詞における「神」という言葉を、歌詞の大まかな内容はそのままにして、「天皇」に置き換えるなど、日本の文脈に合わせた翻案が多くの楽曲において認められる。以下に一つ例を挙げたい。唱歌歌詞、原曲歌詞、原曲訳詞の順に記載する。

『小学唱歌集』第八八《祝え吾君を》[47]

一　祝え吾君を、恵の重波、やしまにあふれ、普ねきはる風、草木もなびく、祝え祝え、国のため、わがきみを

二　祝え吾くにを、みずほのおしねは、野もせにみちて、白かねこがね、花さき栄ゆ、いわえいわえ、君の為め、吾国を

Song of the Fatherland[48]

1　Fatherland, rest in God's own hand! When we speak thy name so proudly, Ah, what magic in the spell! When we hear thy worth praised loudly, Raptures then the bosom swell. Thee God's arm shield from harm! Rest in his own hand, dearest fatherland.

2　With sweet rest may'st thou e'er be blest! Joy with thee can flourish never, Save upon the plains of peace; God to trust be thy endeavor, Else prosperity must cease. God is near, thee to cheer; Rest in his own hand, dearest fatherland.

3　Justiee's way naught can lead astray; When it all our laws protecteth, God is ready to befriend; And when truth our minds direct eth, Blessings on our acts attend. These pursue, to God true; Rest in his own hand, dearest fatherland.

《父なる国の歌》

1　父なる国、神の手で休め。我らは誇りを持ってそなたの名前を言う、ああ、その何と魅力的な響き。我々はその価値が大いに賞賛されるのを聴くとき、歓喜が胸の内で高まる。神の手によって、そなたが害悪より守

られんことを。神の手で休め、敬愛する父なる国。

2 甘い休息とともに、そなたも祝福されるように。そなたとともにある喜びは、永遠に栄える。平和な野を守れ。神を信用することがそなたの努力であるように。その他の幸福は必ず終わりがある。神はなんじの喜びの傍におられる。神の手で休め、敬愛する父なる国。

3 正義の道は、迷いとは無縁である。我々の法がすべて守られる時、神は困っている者を救うだろう。そして、真実が我々の心を導く時、我々の行いは祝福を得る。これらの求道は、神の真実へとつながる。神の手で休め、敬愛する父なる国。

賛美歌である《父なる国の歌》に対し《祝え吾君を》の歌詞は、まさしくキリスト教で言うところの天の国における「神」を日本における「天皇」に置き換えて、歌詞を日本化したものである。連の最後にそれぞれ「祝え祝え〜」、「神の手で休め、敬愛する父なる国」という歌詞が入っているなど、共通する部分も多い。「祝え」という言葉は、原曲にある「祝福される *be blest*」という言葉の翻訳であると推察できる（祝福という単語が当時の日本語にはまだ存在していなかった）。また神や天皇の恩恵によってそれぞれの国が成り立っているという全体的な歌詞内容も一致するものである。

『小学唱歌集』は、前書きで唱歌の目的を「徳性ヲ涵養スルヲ以テ要トスヘシ」と規定し、さらにその機能を「人心ヲ正シ風化ヲ助クル」ことにあると位置付けている[49]。上記のように、『小学唱歌集』ではキリスト教的な内容が上手く翻案され、日本の文脈に沿った形で歌詞の作成が行われている。これに関して音楽学者の中村理平は、原曲のキリスト教的要素が意図的に『小学唱歌集』に取り入れられたという説を唱えている。中村は『キリスト教と日本の洋楽』において、以下のように指摘を行う。

賛美歌には主に捧げる献身と愛、そして主から受ける許しと慰めが大きな部分を占めています。明治政府がこれに目をつけないわけがありません。日本での「主」は「主上」「大君」すなわち「天皇」にほかありません。神をあがめ神を敬う賛美歌の旋律と精神は歌詞を変えればそのまま天皇への帰依と服従、そして天皇からの慈悲を願う国民の魂の育成に通じる。[50]

すなわち、明治政府の役人としての音楽取調掛が意図的に翻案を駆使し、天皇への帰依を中心とした国民形成という目的で唱歌を生み出したということだが、このように翻案で歌曲を作り上げる手法は、必ずしも日本独自のものではなかった。以下、プロテスタント教会におけるコントラファクトゥーアの起源と発展について、主な資料を音楽辞典に求めて記述したい。

プロテスタントとコントラファクトゥーア

コントラファクトゥーアの定義は文献によってやや異なっている。まずドイツの音楽小辞典『dtv 音楽図解辞典 *dtv-Atlas zur Musik*』日本語版では、コントラファクトゥーアを単なる歌詞の付け換えと説明しており、その対比として、パロディ（Parodie）を世俗曲の宗教曲への転用であるとしている。[51]

この二つの違いに関しては音楽学者のヴェルナー・フェリクス（Werner Felix）も著作において論じており、既存の楽曲を別の意味関連の中で再生させるやり方をパロディ、その中でも特に、世俗歌の旋律に新たな宗教的歌詞を付け、福音主義教会の賛美歌を作る手法をコントラファクトゥーアとしている。[52]

前者の例としては、バッハが世俗カンタータの音楽を転用して教会カンタータを作ったこと、後者の例としては、ルターらによる世俗歌曲の賛美歌化が挙げられており、プロテスタント陣営が最初期から歌の役割を高く評価していたことが指摘されている。プロテスタントの基本的な理念として、前節で論じた「聖書の翻訳」に始まる「キリスト教の土着化」があり、民衆の世俗的な愛唱歌を賛美歌にすることによって、教義を日常にしみこませようとしたとも考えられる。[53]

日本語にも翻訳されている、英語圏で最も項目の多い音楽事典『ニューグローヴ世界音楽大辞典 *The New Grove Dictionary of Music and Musicians*』においては、「コントラファクトゥム（contrafactum）」（英語におけるコントラファクトゥーアの別称）という項目が独立して存在しており、最初に「声楽曲において音楽を基本的には変えることなく、歌詞を別の歌詞に換えること」[54]という一番基本的な定義が記述されている。

歴史的な経緯の説明としては、一二、一三世紀のモノフォニー（monophony）音楽において古い音楽に新しい歌詞を付ける手法があったという解説から始められる。この手法はモノフォニー音楽とポリフォニー（polyphony）音楽を通じて発展し、古いメロディー、特に宗教曲メロディーの反復使用は中世の音楽技法と音楽観の基本となるが、この時点においてはまだその音楽がどのような目的で使われるかということは関係なかった。

さらに中世においてコントラファクトゥーアは、一般的に模倣の意味で用いられ、否定的な意味合いの強い用語であったともされる。この言葉が初めて今日使われるような意味で用いられたのは、一五世紀ドイツの『プフリゲン写本』においてであり、ここでは世俗曲の歌詞を宗教詩に書き換えることに限定して用いられている。

『ニューグローヴ世界音楽大辞典』の解釈として、コントラファクトゥーアという言葉を近代的な意味で使う場合、「メロディー、リズムなど音楽の踏襲」と「原詩の改作」というのが厳密な意味であり、歌のジャンルに明確な基準はないとしている。しかし、一五世紀から一六世紀にかけてのコントラファクトゥーアは世俗的な歌詞を宗教的な歌詞に改作することが多く、その逆はほとんどなかった。

これを特に熱心に行ったのが前述のプロテスタント宗教改革者たち、すなわちルター派のグループである。ルター派におけるコントラファクトゥーアの例として挙げられるのが、ハインリヒ・イザーク（Heinrich Isaac）の編曲したドイツ歌曲《インスブルックよ、さようなら *Innsbruck, ich muß dich lassen*》を改変した賛美歌《世界よ、私はあなたから去らねばならない *O Welt, ich muß dich lassen*》である。この二つの歌詞を比較してみたい。

Innsbruck, ich muß dich lassen[55]

1 Innsbruck, ich muß dich lassen, ich fahr dahin mein Straßen, in fremde Land dahin. Mein Freud ist mir genommen, die ich nit weiß bekommen, wo ich im Elend bin.

2 Groß Leid muß ich jetz tragen, das ich allein tu klagen dem liebsten Buhlen mein. Ach Lieb, nun laß mich Armen im Herzen dein erbarmen, daß ich muß dannen sein.

3 Mein Trost ob allen Weiben! dein tu ich ewig bleiben, stet, treu, der Ehren fromm. Nun müß dich Gott bewahren, in aller Tugent sparen, bis daß ich widerkomm.

《インスブルックよ、さようなら》

1 インスブルックよ、私はあなたから去らねばならぬ。私は異国へと私の道を歩む。我が喜びは奪われ、不幸の地においてそれを得ることはできない。

2 私は今や大きな不幸を担わねばならず、私は私の愛しい人にだけそれを嘆く。ああ愛してくれ、そしてあわれな私をあなたの心の中であわれんでくれ。私はここから去らねばならない。

3 すべての女性の中で、あなたのみが我が慰め。私は永遠にあなたのもの。常に誠実で、真の名誉の内にある。そして今や、神があなたを守るだろう。私が戻るまで、あなたを完全な美徳の中に置いてくれるように。

O Welt, ich muß dich lassen[56]

1　O Welt, ich muß dich lassen! Ich fahr' dahin mein' Straßen Ins ewig' Vaterland; Mein'n Geist will ich aufgeben, Darzu mein'n Leib und Leben Legen in Gottes gnädig' Hand.

2　Mein' Zeit ist nun vollendet; Der Tod das Leben endet, Sterben ist mein Gewinn. Kein Bleiben ist auf Erden; Das Ewig' muß mir werden, Mit Fried' und Freud' ich fahr' dahin.

3　Auf Gott steht mein Vertrauen; Sein Antlitz will ich schauen Wahrlich durch Jesus Christ, Der für mich ist gestorben, Des Vaters Huld erworben, Mein Mittler er auf worden ist.

《世界よ、私はあなたから去らねばならぬ》

1　おお世界よ、私はあなたから去らねばならぬ。私は私の道を永遠なる父の国へと歩む。私は自分の魂を放棄し、さらに肉体と生を慈悲深き神の手の中に置こう。

2　我が人生は今や完結し、死が生を終わらせる。死は私にとって有益なこと。もはやこの世に居場所はなく、永久が私には生まれなければならない。平和と喜びとともに私は旅立つ。

3　私の信頼は神の上にある。彼の顔を見よう。私のために死んだキリストを通じて本当に。父の恩寵を得て、我が仲裁者となったキリストを。

どちらも「私はあなたから去らねばならぬ。私は私の道を歩む」という出だしで始まる歌詞であり、ところどころに共通する単語が見受けられる。しかし、前者は女性との愛を歌った世俗的な歌詞内容であり、それを賛美歌の歌詞に改変しているという点で典型的なコントラファクトゥーアであろう。

この他にも一六世紀から一七世紀前半まで、このような形でプロテスタント教会を中心としたコントラファクトゥーアが広く行われるが、一七世紀後半には「古い作品の旋律または歌詞を借用する手法」の総称であるパロディに併呑されてしまう。

このパロディに関して、ドイツ語圏で最大級の音楽辞典である『音楽の歴史と現在 *Die Musik in Geschichte und Gegenwart*』では「パロディとコントラファクトゥーア」というまとめた形で項目が成り立っている。[57]歴史的な経緯の説明については『ニューグローヴ世界音楽大辞典』と重なる部分が多いが、定義に関してまとめると、コントラファクトゥーアについては、声楽曲のメロディを変えないままに新たな歌詞を付けること、そしてパロディについては、音楽作品の芸術的な本質は変えずに歌詞のみならず音楽的な変更をも行うことという説明がなされている。

また、この二つに関しては混同されて意味が曖昧になりがちなので、コントラファクトゥーアについては「世俗曲の賛美歌化、もしくはその逆」の場合のみに限定して用いるということが提案されている。これは、宗教改革以降のプロテスタント教会において最もこの手法が使用されたという歴史的背景に鑑みれば、妥当な提案であろう。ルターは世俗歌曲の「美しい音楽に付いている涜神的で馬鹿げた歌詞を置き換えることで、生き生きとした聖なる神の言葉」を伝える賛美歌にすることを推奨しており、[58]コントラファクトゥーアが民衆にプロテスタントの信仰を伝える手段の一つであったことがうかがえる。コントラファクトゥーアの手法で重要なことは、「ある歌を、旋律はそのままに歌詞のみ改変することによって、全く目的の違う歌へと作りかえる」ということである。

しかしその結果、歌詞と旋律の不一致に対する批判も多く、一八世紀以降は「芸術作品の自律性」が重要視されるようになったということもあり、ドイツにおけるこの手法は廃れてしまい、遂には特に音楽形式の面で世俗歌と賛美歌が明確に区分されるようになる。『ニューグローヴ世界音楽大辞典』では、「一九世紀および二〇世紀の芸術音楽からは、コントラファクトゥム（コントラファクトゥーア）は事実上消えてしまった」という記述が結びとされている。

米国の学校音楽教育と賛美歌

ここからは、直接的に明治期唱歌教育の参考になった米国の学校音楽教育と賛美歌の関係を中心として考察を行う。まずは米国における音楽教育の初期について、そのおおよそをまとめたい[59]。

米国においては植民地時代よりすでに強力なキリスト教の伝統が根をおろしており、それが宗教的な人文主義教育の道を開くことになった。オランダ、スウェーデン、ドイツからの移民たちは競ってルター派の学校を設立し、また一六二〇年以降にイングランドより移住してきた清教徒たちも学校教育で大きな影響力を持っていた。このことは、すでに一六四七年の時点で清教徒たちが、全てのタウンは五〇世帯につき一つの小学校と、一〇〇世帯につき一つのラテン・グラマースクール（Latin grammar school）を設立すべしという法律を定めていたことからもわかる。清教徒たちは特にニューイングランドに多く移住し、その最初期においても貧しい生活ながら深い信仰心を持って賛美歌を歌い、簡素な教会を設けてサルム（psalm）と呼ばれる簡単な唱和を行った。

こうした状況の中で、数名の牧師たちによって編纂された米国最古の歌集である『海湾聖歌集 *The Bay Psalm Book*』が一六四〇年に刊行される。これは歌詞に韻律の記号を添えている程度のもので、人々の歌唱レベルも欧州と比べてあまりに貧弱なものだった。

一七四〇年代以降、本格的な賛美歌が普及し始める。それは一七二〇年のボストン唱歌学校設置から始まったものであった。ここでは主に牧師が賛美歌を指導していたが、これは教会における歌唱レベルの向上という宗教的な意図によって誕生したものであり、公的なものではない。その後一七八〇年代より唱歌学校が米国全土で増加し、人々の音楽教育への関心が高まる。その結果、一八三二年にボストン市民の援助によって米国音楽教育の祖であるローエル・メーソン（Lowell Mason）が、児童のためのクラスも含めたボストン音楽学校を設立した。

ここで重要なことは、一八二〇年代までの米国普通教育には初期と比べてもこれといった変革が見られず、一六世紀頃のプロテスタント教師たちの影響が長く残っていたということである。当然ながらそこでは、前述した欧州のように「芸術作品の自律性」などという概念は発展していない。

ボストン音楽学校では主に、スイスの教育者であるハインリッヒ・ペスタロッチ（Heinrich Pestalozzi）の思想に基づいたペスタロッチ主義唱歌法が取り入れられた。これは一八二〇年代以降の米国教育界が、ようやく啓蒙思想を中心としたヨーロッパ教育思想の輸入を推進し始め、また米国に公教育としての音楽教育を根付かせるためには、ペスタロッチの思想を用いてその必要性を説くのが効果的であったためと推測される。啓蒙主義とネオヒューマニズム（neohumanism）から派生したペスタロッチの教育思想は民族教育主義であり、その音楽教育の目的は芸術音楽への導きではなく、人格の養成であった。[60]

ボストン留学中の伊澤の指導を行ったルーサー・ホワイティング・メーソンも一八三九年にボストン音楽学校に入学し、その影響を受けている。このような動きと共に音楽を正課として取り入れる学校がボストンを中心に増加し、一八八〇年頃には全国で二五〇校に達する。日本の唱歌教育は、まさしくこの時期の米国音楽教育から大きな影響を受けていた。それでは当時の米国音楽教育では、どのような歌が歌われていたのだろうか。

ボストン音楽学校を設立したローエル・メーソンは、一八二二年にボストンのヘンデル・ハイドン協会の援助を受けて聖歌集を出版し、この歌集のヒットによって一八二七年に同協会の会長、すなわち米国教会音楽の重鎮になる。[61]ローエル・メーソンがこの地位のゆえにこそ音楽学校を設立できたことを考えるならば、やはりボストン音楽学校の出発点は教会音楽―賛美歌にあったと言える。

ローエル・メーソンは独学で高い音楽的能力を身につけていたので、多くの賛美歌を独自に作曲することができた。その最も有名な作品の一つである《主よ、御許に近づかん *Nearer, My God, to Thee*》は、元来、英国のアダムス（Adams）姉妹の作詞作曲による同名の賛美歌である。一八四一年に米国に伝えられたこの楽曲は、それから一五年の間あまり歌われることがなかったが、ローエル・メーソンが《ベサニー *Bethany*》と呼ばれる新しい旋律を付けたことにより爆発的な人気を得た。

これは歌詞ではなく旋律の改作であるため、コントラファクトゥーアではないものの、一八六〇年に同じくローエル・メーソンが自分の編纂した賛美歌集『市民の歌曲集 *The People's Tune Book*』において複数の他人の賛美歌曲を勝手に改作した[62]ことを合わせて考えると、当時の米国ではまだ前述の「芸術作品の自律性」という概念が薄かったことがうかがえる。

このことは、先に述べたように米国では教育課程の発展が遅れており、一九世紀初頭になっても一六世紀頃のプロテスタント教師の教えを引きずっていたということにも繋がる。賛美歌と世俗歌がほとんど完全に区分けされてしまった同時期のドイツなどとは違い、一九世紀の米国における賛美歌集は世俗的な曲を多く取り入れており、また逆に、賛美歌がポピュラーソングになることもあった。[63]

後者の例として《アメイジング・グレイス *Amazing Grace*》が有名である。また米国の普通学校成立過程に鑑みれば当然のことかもしれないが、公立学校では「学校用賛美歌集」などといったものも使用されるようになり、例えばルーサー・メーソンの編纂したものには世俗曲を改作した楽曲も多く見られる。これは米国における宗教教育や伝導集会では、キリスト教の教義を生活に染みこませるために、耳当たりの良い、歌って楽しい楽曲が求められていたという事情に基づく。

　このあたりは米国独自の事情であり、ゴスペルソングなどはこのような背景から誕生した。例えば一九九二年製作のアメリカ映画『天使にラブ・ソングを…』では、修道院のシスターたちがローマ法王の御前で聖歌を歌うシーンがあるが、これは一九六三年にヒットしたペギー・マーチ（Peggy March）のラブソング《私は彼についていく *I will follow him*》を編曲したものである。映画の英語字幕を見てみると、ラブソングでは *I will follow him, Follow him wherever he may go* と表記されている歌詞が、聖歌では *I will follow Him, Follow Him wherever He may go* となっており、大文字の Him は God を意味するため[64]、上記の歌詞は「主がどこにおられてもついて行く」という宗教的内容に変ずる。こうしたものも一種のコントラファクトゥーアと見なせる。上記の例の他にもこの手法を現代の米国における映画やアニメなどで目にすることがあり[65]、もはや、米国の音楽シーンに根付いた手法と言えるだろう。

　次にルーサー・メーソンのコントラファクトゥーアについても見ておきたい。そもそも当時の米国の学校音楽教材集には高い割合で宗教的な歌詞の楽曲が含まれており[66]、ルーサー・メーソンも一八八〇年に四冊の賛美歌集を出版するなど、賛美歌と強い関わりを持っていた。また日本語だと気づきにくいが、この人物の名前を英語で表記するとLuther Whiting Mason であり、かのルターと同じ名前を持っているということがわかる（ファースト・ネームとファミリー・ネームの違いはあるが）。この Luther という名前はキリスト教圏では珍しい名前ではないが、旧教カトリック系の人物に付けられる名前ではなく、明らかにプロテスタント系の名前である。名前に負けず、ルーサー・メーソンは最初から宣教師になるという夢を持っていた人物であり、安田寛が指摘するように、日本滞在中、北米最初の海外伝道組織であるアメリカン・ボード（American Board of Commissioners for Foreign Missions）の宣教師たちと密な関係を持っている[67]。

さらに安田は、ルーサー・メーソンがキリスト教伝道という意図を持って『小学唱歌集』の編纂を行ったと推察しているが、本節の冒頭で論じた「翻訳唱歌」の例に見られるように、音楽取調掛がキリスト教に関する歌詞内容を翻案によって日本の文脈に沿うよう作りかえたため、その目的は必ずしも達成されなかった。

『小学唱歌集』第二三曲《君が代》（現在の国歌《君が代》とは別の楽曲）は、一八八〇年の賛美歌集の中の一つ『混声のための国民聖歌讃美歌集 *The National Hymn and Tune Book for Mixed Voices*』に収められている《ウェーバー *WEBER*》を改変した楽曲であり、さらにはこの賛美歌自体も英国の世俗的な合唱曲《栄えあるアポロ *Glorious Apollo*》を改変したものである。それぞれの歌詞を比較してみたい。

Glorious Apollo[68]

1 Glorious Apollo from on high beheld us wand'ring to find a Temple for his praise. Sent Polyhymnia hither to shield us, While we ourselves such a structure might raise. Thus then combining, Hands and Hearts joining, Sing we in harmony Apollos praise.

2 Here ev'ry gen'rous sentiment awaking, Music inspiring unity and joy. Each social pleasure giving and partaking, Glee and good humor our hours employ. Thus then combining, Hands and Hearts joining, Long may continue our unity and Joy.

《栄えあるアポロ》

1 高き場所から我々を見ていた。栄えあるアポロ。彼を讃える寺院を探し、当てもなく放浪する我々を。ポリュヒュムニアは、賛歌を組み上げている我々を守るだろう。手をつなぎ、心を喜びに震わせ、声を合わせてアポロを讃え歌おう。

2　ここでは、すべての寛大な感情が目覚める。音楽が我々をつなぎ、喜ばせる。ひとときの合唱と良きユーモアは、どの社会にも喜びをもたらす。手をつなぎ、心を喜びに震わせ、団結と歓喜がずっと続くように。

Imploring Divine Light[69]

1　O Thou whose power o'er moving worlds presides, Whose voice created, and whose wisdom guides! On darkling man in pure effulgence shine, And cheer the clouded mind with light divine.

2　'T is thine alone to confidence and holy rest: From thee the great God, we spring, to thee we tend, Path, Motive, Guide, Original, and End.

《嘆願の神々しき光》

1　おお、その力が世界を統括するあなたよ、その声は創造し、その知恵は導く！　純粋な光彩の中で、暗がりに立つ者、神の光で心の憂鬱をはらす。

2　あなたの孤独は聖なる静けさ、静かなる信心と聖なる休息と共に。偉大なる神よ、我々はあなたから受け取り、あなたへと向かう。道筋、動機、案内、起源、そして目的であるあなたへ。

『小学唱歌集』第二三《君が代[70]》

一　君が代は、ちよにやちよに、さざれいしの、巌となりて、こけのむすまで、うごきなく、常盤かきわに、かぎりもあらじ

二　きみがよは、千尋の底の、さざれいしの、鵜のいる磯と、あらわるるまで、かぎりなき、みよの栄を、ほぎたてまつる

イギリスのサムエル・ウェッブ（Samuel Webb）によるもともとの合唱曲は、ギリシア神話の要素や雰囲気を内包しているものの、賛美歌ではなく、現在の日本でも歌われることのある世俗的な合唱曲である。歌詞に関してルーサー・メーソンは、恐らく雰囲気の似たものをあえて選定したのではなかろうか。耳当たりの良い楽曲の旋律のみを使用し、いくつかの宗教的な歌詞を付けるというコントラファクトゥーアを行った例である。ここまで主に一九世紀の米国における音楽教育と賛美歌について論じた。米国には一六世紀プロテスタントのコントラファクトゥーア手法が残っており、独自の発展をしていたということが言えよう。

唱歌とドイツ民謡

以上、「翻訳唱歌」の一源流としてのコントラファクトゥーアについて考察を行った。この「翻訳唱歌」として最初に誕生した楽曲こそが、今でも「蝶々、蝶々、菜の葉にとまれ～」という歌詞で歌われる『小学唱歌集』第一七曲《蝶々》であり、興味深い誕生秘話が存在する。この唱歌のおおもとは一八〇七年にドイツで出版された『フラマン語とフランス語の付録を付けたドイツ民謡集、メロディとともに *Sammlung Deutscher Volkslieder mit einem Anhange Flammländischer und Französischer, nebst Melodien*』に掲載されている《狩人の歌 *Jägerlied*》というドイツ民謡である。その旋律が米国に入って《舟歌 *The Boat Song*》という曲になり、ルーサー・メーソンはこれを自分の教科書に採録している。

《蝶々》の歌詞についてはもともと日本全国で歌われていたわらべ歌であり、伊澤は留学中にルーサー・メーソ

ンから楽譜を渡され、これに合う日本語の適当な詩を付けるように言われた。こうして最初の「翻訳唱歌」がルーサー・メーソンの指示によって誕生した。この試みがうまくいったことで、その後ルーサー・メーソンは来日を強く希望する。

官僚の目賀田種太郎に対して文部省の招聘を働きかけるよう頼んだルーサー・メーソンの書簡が残っており、「日本人が私たちの音楽が例外なく宣教事業と結びついていると考えていることはよく分かります。でも、私たちの音楽は社会でも、家庭でも、日本の習慣とうまくやっていけるのではないでしょうか。うまくすればそれを改良できるでしょう[71]」という記述がなされている。この「改良」ということに関して安田は、「和洋折衷による新しい日本音楽創出」のことであると説明しているが、これに関してはコントラファクトゥーアによる「翻訳唱歌」の作成ということとも関係が深い。ここで初めてコントラファクトゥーアが日本に受け継がれたとも言えよう。

それでは同時期のドイツにおける音楽教育とはどのようなものであったのだろうか。

先に述べたように、ドイツの歌文化は一六世紀の宗教改革とコントラファクトゥーアより大きな影響を受けている。プロテスタント教会は世俗的な音楽を賛美歌に改良して取り入れ、さらにそれを民衆へと普及させた。「賛美歌の普及によって、教会から独立した民俗芸能がプロテスタントの地域でほとんど無くなり、民衆の文化活動は教会によって支配されるようになった[72]」。

ここで重要なのは、これによって、ルターの聖書翻訳に始まる標準的なドイツ語が広められ、ドイツ言語共同体の成立に繋がったということである[73]。しかし一八世紀ドイツにおいては、未だフランス文化の影響が大きく、例えば啓蒙専制君主で知られるプロイセンのフリードリヒ二世（Friedrich II.）でさえもドイツ語文化を軽視し、フランス主義に傾倒していた。宮廷文化では当然のことであったこのフランス主義は、ドイツの市民文化に対して一種の刺激的な役割を果たす。

主として、宮廷のフランス主義に対抗する形でゲーテ（Goethe）とシラー（Schiller）を頂点とするドイツ古典主義が成立し、同時期のヨハン・ゴットフリート・ヘルダーも民謡に目を向けて、ドイツ語文化の向上を試みていた。このことについて概要をまとめてみたい。

ヘルダーの民謡収集は一七六四年のリガ滞在より始まるが、ヘルダーはその初期よりドイツの国民意識について考察を行っていた。一七七三年、ヘルダーは論文集『ドイツの特性と芸術について』を編纂し、そこで真のドイツ文化創立を告知した[74]。さらにヘルダーはこの論文集で「複数の地域において、私にとっての民謡、地方歌、農民歌がある。それらは、言葉の快活さ、リズム、純真さ、強さの点で、確かにスコットランドのロマンスの多くにひけをとらないだろう[75]」と記述し、初めて民謡（Volkslied）という言葉を使用した。

その後、一七七九年に発表された『民謡集』第二部の序文においてヘルダーは民謡の本質を論じている。その内容を以下に記述したい。

歌の完全性は情念あるいは感情の抑揚による動き、それも旋律という古くからの的確な表現によって示される動きの中にある。もし歌にこの完全性が欠けているならば、その歌は音調も、詩的な転調も、さらには転調の落ち着いた歩みや進展も持たないことになる。また歌が形姿や種々の形象、さらには種々の色彩の組み合わせや感じの良さをどれほど持っているにせよ、それはもはや歌ではない。〔中略〕歌の中に旋律が、それも良い響きで十分に保持された抒情的な旋律があれば、たとえ内容自体が意味のないものであっても、歌は存続し、歌われるのだ。そしてこれまでの粗悪な内容のものに代わって、より良い内容のものが採択され、さらに積み重ねられても、歌の魂、詩的な音の調子、旋律だけは残った。また良い旋律の歌にいくつかの明らかな欠点があっても、それらの欠点の姿は見えなくなり、劣悪な詩節も歌われない。それでも歌の精神はもっぱら魂の中に作用を及ぼし、感情を合唱に向けて喚起する。この精神は不滅であり、作用を及ぼし続ける。[76]

しかしヘルダーはこのような性質のものを、ドイツの古文献からあまり発見できなかった。そこで彼はゲーテら友人の手を借りながらドイツ以外のヨーロッパの民謡を収集し、自らドイツ語に翻訳する。『民謡集』は全六巻に一六二曲を収録しており、その言語別の内訳としては、ドイツ語の三七曲、英語の三六曲、スペイン語の一八曲、スコットランド語の一四曲、古北欧言語の一〇曲、リトアニア語の八曲などが特に多いものとして挙げられる。[77]

一七七七年の『中世英独詩芸術の類似性、ならびにそこから生じる諸問題について』においてヘルダーは、自分が各国の民謡の中から最良のものを選出して編集していることを強調しつつ、ドイツに関して「こうして我々は、いわば民族の幹から若芽が萌え出るように、その上に我々の新たな詩芸術を芽生えさせることができるような古い時代からの生きた詩文を、まったくもっていないのである。これに対して他の諸国民は何世紀も先をいっており、自分たちに固有の基盤に立って、民族的所産から、民族の信仰と趣味に基づき、そして古い時代の遺物から自己を形成してきたのである」と論じ、「しかし我々はアングロサクソン人が本来はドイツ人であって、したがってこの民族の幹は言語と思考法においてドイツ的であったことを知っている」として、『民謡集』の正当性を主張すると共に、ドイツという言葉の拡大を図った。[78]

このあたりの事情に関しては、「翻訳唱歌」によってナショナル・アイデンティティの創出を図った音楽取調掛と同じような状況がうかがえる。[79] またヘルダーの始めたドイツ民謡は、実際に日本の音楽教育へも影響を与えることになった。すなわちヘルダー以降のドイツでは、ドイツ性の象徴として理想化されたドイツ民謡の流行が起こり、一九世紀以降のプロイセンでは賛美歌に加えて民謡も普通教育に取り入れられた。

前述の『フラマン語とフランス語の付録を付けたドイツ民謡集、メロディとともに』などはその先駆けと言えるが、ここで言う民謡は愛国教育という意味で日本の唱歌に近い概念を持っている[80]。このような文脈において、さまざまな学校教育用の民謡が作られた。そして『小学唱歌集』全九一曲のうち三四曲がこのようなドイツの「教育的民謡」に起源を持っており、コントラファクトゥーアと合わせて、ドイツの音楽文化が日本の唱歌に大きな影響を与えたのである。

節のまとめ

以上、本節ではドイツにおけるコントラファクトゥーアから出発し、日本の「翻訳唱歌」まで、歌詞の翻案を中心とする楽曲作成法が受容された過程を比較文化史的な試みとして論じた。コントラファクトゥーアと「翻訳唱歌」では楽曲作成の目的という点で違いがあるが、前節でも論じたように、日本は伝統的に「替え唄文化」を持っており、文化の受容と改変を得意としている。このことに鑑みれば、コントラファクトゥーアを日本の文脈に合わせて改変したものが「翻訳唱歌」であると位置付けられるだろう。

章のまとめ

本章では、「国民形成と『翻訳唱歌』」と題し、本書の主要な概念である明治期日本の「国民形成」と「翻訳唱歌」について、その起源を求める形で論じた。

第1節においては国民国家論のさまざまな議論を纏めることから出発し、「国民形成」について、スミスやその他の議論を引用する形で、エスニック要素と分かち難く結びついたものだという結論にたどりついた。また、その「国民形成」の定義を近代の日本に当てはめて考察を行うことにより、西洋文化が日本化された上でナショナリズムすなわち国民形成の手段として用いてられていたという結論を得ている。そのような「翻訳」を使った「国民形成」の方法というのも、そもそもは西洋において行われていたことであった。

第2節では、「翻訳唱歌」の源流をドイツ・プロテスタントのコントラファクトゥーアと位置付け、比較文化史的な手法を用い、宗教改革時代のコントラファクトゥーアが一九世紀米国の音楽教育界を通じて明治期の日本に受容された様子を描き出した。コントラファクトゥーアを改変したものが「翻訳唱歌」であると結論付けている。

この二つの節の共通項として、「文化の受容と改変」もしくは「翻訳」ということがある。第1節でも論じたように、日本における「翻訳」と文化の関わりは古くから存在するものであり、「翻訳の文化史こそは、まさに日本文化史[81]」という評価さえ存在する。受容した文化を日本化することによって「日本文化の連続性を重視」したという言い方もできるが、では実際、どのような近世以前の日本文化、すなわちエスニック要素が明治期のナショナリズムに組み込まれていたのだろうか。

そこで次の第3章では、『小学唱歌集』における「翻訳唱歌」の歌詞と、その原曲の歌詞を比較分析することにより、文部省がどのようにしてナショナリズムの形成を行ってきたかを考察する。

第3章

『小学唱歌集』

――歌詞分析を中心に――

章の導入

本章においては、文部省が唱歌教育においてどのような形で徳育やナショナリズムの形成を行ってきたかを提示するということを目的に、前章で扱った「翻訳唱歌」を中心として編纂された『小学唱歌集』について、掲載されている楽曲の歌詞分析を中心とした考察を行う。

第1節では教育学者の唐澤富太郎が作成した『小学唱歌集』の歌詞分類表に基づいて、唱歌歌詞の分類解釈について論じる。

第2節では『小学唱歌集』の編纂において重要な参考資料であったルーサー・ホワイティング・メーソンの音楽教科書について、その歌詞分類表を作成した上で『小学唱歌集』との比較分析を行う。

第3節では唐澤が「君が代を祝うもの、忠君愛国的なもの」と「教訓的なもの」の歌詞項目に分類した『小学唱歌集』の楽曲について、原曲歌詞との比較分析を行う。

第4節では同じく唐澤が「自然、生活・行事に関するもの」の項目に分類した『小学唱歌集』の楽曲について、やはり原曲歌詞との比較分析を行う。

『小学唱歌集』については前章でも簡単に触れたが、改めてその成立と内容について記述しておきたい[1]。一八七一年に廃藩置県が行われ、学校行政を政府が統一することになり、文部省が設置された。さらに、全国共通の教育制度として一八七二年に「学制」が制定され、公布される。これは主として当時のフランスにおける教育制度を参考にしたものであった。学校制度については下等小学校四年、上等小学校四年の計八年を教育年限としていたが、強制力は弱かった。

また教育課程について、下等小学では綴字、習字、単語、会話、読本、修身、書牘、文法、算術、養生法、地学大意、理学大意、体術、唱歌（当分之ヲ欠ク）の一四教科、上等小学ではそれに史学大意、幾何学罫図大意、博物学大意、化学大意の四教科が加えられ、また土地の情況によっては外国語、記簿法、画学、天球学を加えることができるとされている。ここで重要なのは、唱歌のみが「当分之ヲ欠ク」という注付けをされていたことである。これは、西欧諸国の教育事情に鑑み、音楽教育の必要性を認めながらも、「学制」公布当時は適当な教師や教材などが得られず、指導法についても見当がついていないという状況であったため、止むを得ない措置であった。教員の資格については、小学教員は男女を問わず二〇歳以上で、師範学校もしくは中学卒業を条件としている。

一八七五年七月、文部官僚の伊澤修二は「師範学科調査員」として、留学生監督官の目賀田種太郎とともに米国留学へと旅立った。そして八月に米国に到着し、ボストンのブリッジウォーター州立師範学校へと入学する。また伊澤はボストンの小学校などにおける音楽教育の視察を行っており、そこでメーソンとも知り合った。ブリッジウォーター師範学校の「唱歌」科目において唱歌をうまく歌うことができず悩んでいた伊澤は、メーソンが自ら編纂した唱歌教材『国楽大系』や『唱歌掛図』を使って大きな成果をあげている現状を知り、メーソンから音楽の個人レッスンを受けるようになる。そこで伊澤は唱歌の練習と並行して、日本人向けの唱歌教材の開発も進めた。音楽の練習には目賀田も参加することがあった。

一八七八年、日本に帰国した伊澤は、目賀田とともに当時の文部大輔（次官）に「学校唱歌ニ用フヘキ音楽取調ノ事業ニ着手スヘキ在米国目賀田種太郎、伊澤修二ノ見込書」を提出する。ここには「音楽ハ学童神気ヲ爽快ニシテ其ノ勤学ノ労ヲ消シ、肺臓ヲ強クシテ其ノ健全ヲ助ケ、音声ヲ清クシ、発音ヲ正シ、聴力ヲ疾クシ、考思ヲ密ニシ、又能ク心情ヲ楽シマシメ善性ヲ感発セシム」という、音楽教育の意義が記されている。ここから読み取れるように、音楽教育の効果として期待されていたのは、「情操教育」といった心情的な部分よりむしろ、「肺臓を強くし、健全を助ける」という肉体的な効能や、「発音を正す」という当時の日本語教育の問題とも関係することや、また「考思を密にし、善性を感発」するという国民形成に関係することであった。

文部省は一八七九年に音楽取調掛を設置し、伊澤を御用掛に任命する。伊澤は、学校音楽教育を推進するには、まず音楽教師の養成を行う必要があると考え、目賀田とともに当時の文部卿へ「音楽取調掛見込書」を提出した。こうした観点からこの文書では「東西二洋ノ音楽ヲ折衷シテ新曲ヲ作ル事」、「将来ヲ興スヘキ人物ヲ養成スル事」、「諸学校ニ音楽ヲ実施スル事」の三つの項目が掲げられている。続いて伊澤は一八八〇年にメーソンをお雇い外国人として音楽取調掛に招聘し、翌一八八一年から一八八四年にかけて、初の官製唱歌集である『小学唱歌集』全三編を編纂していく。この教科書は初編が三三曲、第二編が一六曲、第三編が四二曲と、合計で九一曲を掲載しており、緒言には以下のことが記述されている。

凡ソ教育ノ要ハ徳育智育体育ノ三者ニ在リ。而シテ小学ニ在リテハ最モ宜ク徳性ヲ涵養スルヲ以テ要トスベシ。今夫レ音楽ノ物タル性情ニ本ヅキ、人心ヲ正シ風化ヲ助クルノ妙用アリ。故ニ古ヨリ明君賢相特ニ之ヲ振興シ之ヲ家国ニ播サント欲セシ者和漢欧米ノ史冊歴々徴スベシ。曩ニ我政府ノ始テ学制ヲ頒ツニ方リテヤ已ニ唱歌ヲ普通学科中ニ掲ケテ一般必須ノ科タルヲ示シ、其教則綱領ヲ定ムルニ至テハ亦之ヲ小学各等科ニ加ヘテ其必ズ学バザル可カラザルヲ示セリ。然シテ之ヲ学校ニ実施スルニ及ンデハ必ズ歌曲其当ヲ得声音其正ヲ得テ能ク教育ノ真理ニ悖ラザルヲ要スレバ、此レ其事タル固ヨリ容易ニ挙行スベキニ非ズ。我省此ニ見ル所アリ。客年特ニ音楽取調掛ヲ設ケ、充ルニ本邦ノ学士音楽家等ヲ以テシ且ツ遠ク米国有名ノ音楽教師ヲ聘シ、百方討究論悉シ本邦固有ノ音律ニ基ヅキ彼長ヲ取リ我短ヲ補ヒ以テ我学校ニ適用スベキ者ヲ撰定セシム。爾後諸員ノ協力ニ頼リ稍ヤク数曲ヲ得、之ヲ東京師範学校及東京女子師範学校生徒并両校付属小学生徒ニ施シテ其適否ヲ試ミ、更ニ取捨選択シ得ル所ニ随テ之ヲ録シ、遂ニ歌曲数十ノ多キニ至レリ。爰ニ之ヲ剞劂ニ付シ名ケテ小学唱歌集ト云。是レ固ヨリ草創ニ属スルヲ以テ、或ハ未ダ完全ナラザル者アラント雖モ、庶幾クハ亦我教育進歩ノ一助ニ資スルニ足ラント云爾。[2]

「諸員の協力に頼ってやっと数曲」を作り、さらに「取捨選択」を繰り返し、「遂に数十曲を得るに至った」という部分からは、編纂における大変な苦労を読み取ることができる。『小学唱歌集』が編纂された時期の音楽取調掛には、伊澤の他、神津専三郎や岡倉天心、国学者の稲垣千穎や加部厳夫、里見義なども掛員として在籍していた。『小学唱歌集』の歌詞については、作詞者の記載がなく、原則として文部省編纂の唱歌は今でも作詞、作曲者が明らかにされてはいないが、これまでの研究において大半が稲垣、加部、里見ら音楽取調掛員による作詞ということが判明している。[3] この作詞に関しては、前章でも触れたように、「音楽取調掛員たちが原曲の歌詞を翻訳し、次いで曲を分解して日本の伝統的な詩の形式に従って作詞しやすくした上で、分解した曲に合わせて歌詞の修正を加えた」とされる。[4]

そこで問題となるのは、最初の翻訳の部分を誰が担当したのかということであるが、翻訳経緯については史料がほとんど残されておらず、詳しいことはわかっていない。しかし伊澤や神津は英語巧者であったし、また英学者の内田弥一なども音楽取調掛に講師として籍を置いていた。

このような背景を踏まえて、以下の本章においては歌詞を中心とした『小学唱歌集』の考察を行う。『小学唱歌集』の歌詞を唐澤富太郎の歌詞分類に従って分析し、原曲歌詞と比べて、どのような改変が日本の文脈に合わせて行われているかということ、すなわち唱歌においてどのような形で「日本文化の連続」が起こっているかということについて、当時の世相と関連させた形で論じる。[5]

第1節　唐澤富太郎の歌詞分類

節の導入

まず本節では、唐澤富太郎が作成した『小学唱歌集』の歌詞分類表に基づいて、唱歌歌詞の分類解釈について考察を行う。唐澤は一九五三年に学位論文「中世初期仏教教育思想の研究」で文学博士の学位を得て、一九六〇年より東京教育大学の教授を務めた人物であり、一九六二年にユネスコ国際教科書会議で講演を行い、五ヵ月半にわたり一六ヵ国の教育の実態を調査する。一九九三年に教育史の資料を集めた「唐澤博物館」を設立し、二〇〇四年に亡くなるまで『教師の歴史』、『学生の歴史』、『教科書の歴史』から成る近代教育史三部作をはじめ、日本教育史に関する多くの研究を発表した。

特に『小学唱歌集』歌詞分類表が掲載されている『教科書の歴史』は、幕藩時代から二〇世紀半ばまでの日本の教科書について、豊富な一次史料を基に世相と並行させた分析を行ったものであり、日本の教育学研究において古典とも言える文献である。

『小学唱歌集』の歌詞分類表

前述のように『小学唱歌集』は全三編において九一の楽曲を有しており、唐澤は『教科書の歴史』の第三章「儒教主義復活時代の教科書」において、全曲を歌詞内容で分類した表を作成している。以下に分類表を引用する。曲名最後の括弧内の数字は『小学唱歌集』内で曲に振り分けられた番号である。

1　自然、生活・行事に関するもの三九曲

①　自然三四曲

かをれ（1）、春山（2）、あがれ（3）、和歌の浦（6）、春は花見（7）、鶯（8）、春風（10）、桜紅葉（11）、花さく春（12）、見わたせば（13）、松の木陰（14）、春のやよひ（15）、閨の板戸（19）、若紫（21）、隅田川（26）、おぼろ（28）、鳥の声（34）、霞か雲か（35）、かすめる空（37）、燕（38）、鏡なす（39）、岩もる水（40）、岸の桜（41）、みてらの鐘の音（49）、雲（54）、寧楽の都（55）、秋の夕暮（60）、秋草（62）、園生の梅（64）、四季の月（66）、小舟（72）、春の野（75）、菊（78）、さけ花よ（83）

②　生活・行事五曲

遊猟（42）、なみ風（52）、船子（70）、鷹狩（71）、瑞穂（76）

2　君が代を祝うもの、忠君愛国的なもの二六曲

①　君が代を祝うもの二一曲

いわえ（4）、千代に（5）、野辺に（9）、我が日の本（16）、蝶々（17）、君が代（23）、薫りにしらるる（25）、富士山（27）、雨露（29）、玉の宮居（30）、年たつけさ（36）、みたにの奥（43）、栄行く御代（45）、五日の風（46）、天津日嗣（47）、太平の曲（48）、やよ御民（50）、春の夜（51）、富士筑波（63）、治る御代（87）、祝え吾君を（88）

②　忠君愛国五曲

うつくしき（18）、皇御国（44）、古戦場（61）、忠臣（79）、招魂祭（91）

3 教訓的なもの二六曲

① 父母六曲

ねむれよ子（22）、思いいづれば（24）、大和撫子（31）、母のおもひ（57）、墳墓（59）、橘（65）

② 勉学・勤勉一一曲

蛍の光（20）、あおげば尊し（53）、才女（56）、めぐれる車（58）、学び（68）、千里のみち（74）、楽しわれ（77）、千草の花（80）、高嶺（84）、花鳥（89）、心は玉（90）

③ 人倫・人生九曲

五常の歌（32）、五輪の歌（33）、白蓮白菊（67）、小枝（69）、誠は人の道（73）、きのうきょう（81）、頭の雪（82）、四の時（85）、花月（86）[6]

本章においては次節以降、唐澤の歌詞分類に基づいた形で『小学唱歌集』の分析を行う。また、従来の研究においても、この唐澤の唱歌研究を基にしているものは多い[7]。しかし、現在の唱歌教育研究の基礎資料となっているこの歌詞分類表は、唐澤の解説が少ないことも相俟って、若干の曖昧さやわかりにくさが存在する。例えば、基本的には蝶をはじめとした自然の生き物を歌っている第17曲《蝶々》が「君が代を祝うもの」に分類されているのに対し、「にごらぬ御代」という言葉が歌詞に含まれている第83曲《さけ花よ》は、「自然」の項目に分類されているなどということがある。

以下、その曖昧さやわかりにくさを解消して、この歌詞内容分類を、より明確な根拠を持って利用できるようにすることを目的に、唐澤の著書から見られる唐澤自身の思想の考察や、唱歌歌詞同士の比較分析を通じて、唐澤の行った歌詞分類の分類基準について論じたい。

唐澤による解説

唐澤は『小学唱歌集』歌詞分類の解説として、四つの具体的な歌詞例を掲載しており、まず初めに「自然」に関する歌詞内容のものとして第15曲《春のやよい》を挙げている。以下にその歌詞を記す。

第一五《春のやよい》

一　春のやよいの、あけぼのに、四方のやまべを、見わたせば、はなざかりかも、白雲の、かからぬみねこそなかりけれ

二　はなたちばなも、におうなり、軒のあやめも、かおるなり、ゆうぐれさまの、さみだれに、やまほととぎす、なのるなり

三　秋のはじめに、なりぬれば、ことしもなかばは、すぎにけり、わがよふけゆく、月かげの、かたぶく見るこそ、あわれなれ

四　冬の夜さむの、あさぼらけ、ちぎりし山路は、ゆきふかし、こころのあとは、つかねども、おもいやるこそ、あわれなれ

国語学者の金田一春彦によると、この歌詞は慈鎮和尚の歌集『拾玉集』に《今様》として掲載されている作品であり、「春夏秋冬のそれぞれの興趣を簡潔に歌い上げたもの」で、「日本民族が幾世紀に亘って培ってきた仏教の諦観『もののあわれ』のフィルターを心のレンズにかけて、雪・月・花を写した」ものである。[8] その意味でもこの歌詞は「日本的」な自然を歌ったものであると言えよう。この楽曲は一八八一年、「音楽取調掛成績申報公開大演奏

会」の際に出された伊澤の『唱歌略説』（ここには、後の『小学唱歌集』に掲載される二九曲が含まれる。歌詞と共に伊澤の解説が掲載されている）において、「古今名家ノ佳作ニシテ幽玄叙情アルモノ[9]」とされているが、後述する《蝶々》と違い、唐澤は特にその点に触れていない。

次に唐澤は「君が代を祝うもの」の例として第47曲《天津日嗣》を掲げている。以下に歌詞を記す。

第四七《天津日嗣》

一　あまつ日つぎの、みさかえは、あめつちの共、きわみなし、わがひのもとの、みひかりは、月日とともに、かがやかん

二　葦原の、ちいほあき、瑞穂のくには、日の御子の、きみとますべき、ところぞと、神のみよより、さだまれり

國學院デジタルミュージアムの『万葉神事語辞典』によれば、「天津日嗣」という言葉は「日の皇子として皇祖の霊を受け継ぐこと、転じて皇位そのものをもいう（中略）天照大神の霊を継ぐ皇子を日の皇子といい、皇位を継承することを日継ともいった。ヒを継ぐとは、信仰的には天孫ニニギノミコトと一体化する[10]」ことである。唱歌歌詞における「神」というのは日本神話におけるカミ、すなわち天照大神のことであり、天津日嗣という皇位継承を歌った、まさしく「君が代を祝うもの」に相応しい歌詞内容である。

三番目に挙げられているのは、同じく「君が代を祝うもの」の第17曲《蝶々》である。現在でもよく知られている楽曲だが、現在歌われている歌詞は一九四七年の改作であり、『小学唱歌集』におけるこの唱歌の歌詞には、現在のものと少々異なっている部分が存在する。以下に歌詞を記す。

第一七《蝶々》

一　ちょうちょう、ちょうちょう、菜の葉にとまれ、なのはにあいたら、桜にとまれ、さくらの花の、さかゆる御代に、とまれよあそべ、あそべよとまれ

二　おきよおきよ、ねぐらのすずめ、朝日のひかりの、さしこぬさきに、ねぐらをいでて、こずえにとまり、あそべよすずめ、うたえよすずめ

この楽曲は、音楽取調掛の一員で国学者でもあった野村秋足が採集したわらべ歌の歌詞を、メーソンが提示した西洋楽曲に当てはめたものである。安田寛は、「さくらの花の、さかゆる御代に、とまれよあそべ、あそべよとまれ」という歌詞について、「もとのわらべ歌にくわえられたか、修正されたかした部分である」[11]としている。

唐澤は四つの楽曲例のうち、この曲にのみ歌詞以外の長めの記述を加えており、伊澤の『唱歌略説』における、「皇代ノ繁栄スル有様ヲ桜花ノ爛漫タルニ擬シ、聖恩ニ浴シ太平ヲ楽シム人民ヲ、蝶ノ自由ニ舞イツ、止マリツ遊ベルヨウニシテ比シテ、童幼ノ心ニモ自ラ国恩ノ深キヲ覚リテ、此ニ報ゼントスルノ士気ヲ興起セシムルニ有ナリ」という記述を引用することで、「御代」という言葉がなければ花鳥の戯れる様を描いただけに過ぎないこの楽曲を、「君が代を祝うもの」に分類する根拠としている。

最後に唐澤は「父母」の項目に属する具体例として、第31曲《大和撫子》を挙げている。これは歌詞に「ちちはの庭のおしえ（家庭教育の意）」という言葉があることからも、わかりやすい分類であろう。以下に歌詞を記す。

第三一《大和撫子》

一　やまとなでしこ、さまざまに、おのがむきむき、さきぬとも、おおしたててし、ちちはの、庭のおしえ

に、たがうなよ

二　野辺の千草の、いろいろに、おのがさまざま、さきぬとも、生したてし、あめつちの、つゆのめぐみを、
　　わするなよ

「翻訳唱歌」の比較考察

次に、先にも触れた《おぼろ》と《さけ花よ》について考察を行いたい。この二つは「自然」の項目に当てはめられてはいるが、どちらも《蝶々》と同じく「御代」という歌詞を含んでいる。以下にそれぞれの歌詞を、原曲歌詞と原曲訳詞とともに記す。

第二八《おぼろ》

一　おぼろににおう、夕づき夜、さかりににおう、ももさくら、のどかにて、のどけき御代の、楽しみは、花さくかげの、このまとい、このうたげ

二　千草にすだく、むしの声、おぎの葉そよぐ、風のおと、身にしみて、眼にみる物も、きく物も、あわれをそうる、あきの夜や、つきのよや

Murmur, gentle lyre[12]

1　Murmur, gentle lyre, Thro' the lonely night ; Let thy trembling wire, Waken dear delight, Waken dear delight.

2　Tho' the tones of sorrow, Mingle in the strain, Yet my heart can borrow, Pleasure the pain, Pleasure the pain.

《ささやけ優しき竪琴の音》

1　ささやけ優しき竪琴の音、孤独な夜を通じて。汝の震える弦を弾かせよ、優しい喜びを目覚めさせよ、優しい喜びを目覚めさせよ。

2　汝、悲しみの音よ、旋律に加わるがよい。それでも私の心は掠め取ることができる。痛みから喜びを、痛みから喜びを。

第八三《さけ花よ》

一　さけ花よ、さくらの花よ、のどけき春の、さかりの時に、さけ花よ、桜のはなよ

二　ふけかぜよ、春風ふけよ、さきたる花を、ちらさぬほどに、ふけ風よ、はるかぜふけよ

三　なけ蛙、やよなけかわず、すみゆく水の、にごらぬ御代に、なけかわず、やよ鳴け蛙

四　なけ鳥よ、うぐいすなけよ、さきたる花の、さかりの春に、なけとりよ、鶯なけよ

五　やよ人よ、ひとひとうたえ、鶯かわず、うたをばうたう、やよ人よ、ひとひとうたえ

Delights of Spring[13]

1　Hyho! Little flowers, flourish and blossom, Let thy bud in beauty break, Let thy fragrant sweetness wake.
Hyho! Little flowers, flourish and blossom

2　Hyho! Gentle breeze kindly regale us! Mild the sky that smiles above, Earth beneath is filled with love;
Hyho! Gentle breeze kindly regale us!

3　Hyho! Meadow streams, welcome your flowing; Hie along, 'midst hills and dells, Bright your silvery rippling swells ; Hyho! Meadow streams, welcome your flowing !

4 Hyho ! Birds of spring, sing forth your pleasures ; While ye pass on nimble wing, Let your gladdening music ring ; Hyho! Birds of spring, sing forth your pleasures !

5 Hyho ! One and all, join the rejoicing ; Who among us will be sad, When all else around is glad ? Hyho! One and all, join the rejoicing !

《春の喜び》

1 ハイホー！ 小さな花々、茂り花咲く。お前の実を美しく割ろう。お前の香りで目覚めよう。ハイホー！ 小さな花々、茂り花さく。

2 ハイホー！ 優しいそよ風が我々を楽しませる。穏やかな空が微笑む。地球は愛で満たされている。ハイホー！ 優しいそよ風が我々を楽しませる。

3 ハイホー！ 大地の嵐、お前の風を歓迎する。丘や谷に沿って吹き、輝き銀色に波打つ。ハイホー！ 大地の嵐、お前の風を歓迎する。

4 ハイホー！ 春の鳥たち、お前の喜びをあらわして歌え。お前が軽い翼で浮いている間、陽気な歌を鳴り響かせてくれ。ハイホー！ 春の鳥たち、お前の喜びをあらわして歌え。

5 ハイホー！ みな喜びの輪に加わろう。誰が悲しむだろう？ 私たちすべてが楽しんでいるとき。ハイホー！ みな喜びの輪に加わろう。

《おぼろ》の原曲である《ささやけ優しき竪琴の音》は、一連が一〇小節ずつの作品であり、《おぼろ》第一連と第二連それぞれの前半部分の歌詞は、「夜に響く竪琴の優しい音」をテーマにしている原曲第一連の歌詞に近い。しかし《おぼろ》はそれぞれの連が二〇小節ずつの作品であり、第一連における旋律の繰り返し部分である「のどけき御代の、楽しみは、花さくかげの、このまとい、このうたげ」という歌詞は、《蝶々》における「桜の花の、さかゆる御代に」という後付けの歌詞と同じく、音楽取調掛による後付けであると推察できる。《さけ花よ》とその原曲である《春の喜び》については連の数も小節数も等しい。

また歌詞も第三連以外は原曲歌詞の直訳に近いのに対し、原曲の第三連は「丘に吹きすさぶ春の強風」を歌ったものであり、「にごらぬ御代」に相当する単語は存在しない。それゆえ、こちらも音楽取調掛によって「御代」を讃える歌詞が後付けされているという点で《蝶々》と同じつくりである。とすれば、なぜ唐澤は《おぼろ》と《さけ花よ》の二曲を「君が代を祝うもの」の項目に含めなかったのか。

「君が代を祝うもの」の項目

理由としては、まず伊澤の『唱歌略説』において解説の対象となっている唱歌に、《おぼろ》と《さけ花よ》は含まれていないということがある。そして《蝶々》、《おぼろ》、《さけ花よ》の三曲は一見どれも自然が主題であり、必ずしも「君が代」を祝っていると解釈しづらいのに比べ、他の「君が代を祝うもの」に分類されている楽曲は、後述する第27曲《富士山》を除き、どれも「君が代を祝う」という意味の直接的な歌詞内容があるか、もしくは次に示す第16曲《我が日の本》や第50曲《やよ御民》のように、明らかにその歌詞内容が天皇を敬っていると認められるようなものである。以下にこれら二曲の歌詞を記す。

第一六《我が日の本》

一　わがひのもとの、あさぼらけ、かすめる日かげ、あおぎみて、もろこし人も、高麗びとも、春たつきょうをば、しりぬべし

二　雲間にさけぶ、ほととぎす、かきねににおう、うつぎばな、夏来にけりと、あめつちに、あらそいつぐる、花ととり

三　きぬたのひびき、身にしみて、とこよのかりも、わたるなり、やまともろこし、おしなべて、おなじあわれの、あきの風

四　まどうつあられ、にわのしも、ふもとのおちば、みねのゆき、みやこのうちも、やまざとも、ひとつにさゆる、ふゆのそら

第五〇《やよ御民》

一　やよみたみ、稲をうえ、井の水たたえ、君が代は、腹鼓うち、みをいわえ

二　やよ御民、萱をかり、わが家をふきて、君が代は、雨露凌ぎ、世をわたれ

例えば《我が日の本》には、直接的な「君が代」に関する歌詞は見られないが、「もろこしびとも高麗びとも、我が日の本のかすんだ日ざしを見て春を知る」という第一連の歌詞内容が、天皇の権威を高めることに関連している。それゆえ、日本の四季の美しさを歌ったものにも見えるこの曲は「君が代を祝うもの」と見なすことができる。また《やよ御民》も、「君が代」すなわち天皇がよく世を治めているおかげで御民が腹鼓うちて（食が足りて安楽に）生活できるという歌詞内容であり、一見して天皇に対する敬意を示したものである。

「君が代を祝うもの」について最後に、前段落で例外として挙げた《富士山》がなぜこの項目に含まれるかを考察する。以下にその歌詞を記す。

第二七《富士山》

一　ふもとに雲ぞかかりける、高嶺にゆきぞ、つもりたる、はだへは雪、ころもはくも、そのゆきくもを、よそいたる、ふじちょうやまの、見わたしに、しくものもなし、にるもなし

二　外国人も、あおぐなり、わがくに人も、ほこるなり、照る日のかげ、そらゆくつき、つきひとともに、かがやきて、冨士ちょう山の、みわたしに、しくものもなし、にるもなし

この《富士山》は題名も含め、一見すると単に富士山の雄大さを称えた「自然」の項目に含まれるべき歌詞内容に思える。しかし、これもやはり伊澤の『唱歌略説』に「国威ヲ万国ニ輝カスノ表準トモナルベキ名山タルヲ称揚シ〔中略〕日光ノ国旗ニ光リ輝キテ皇威ノ盤石ノ如ク、千古動カスベカラザルノ意ヲ顕ハセリ」という解説が載っており、万国に輝く名山である富士山を称揚することによって間接的に天皇を讃えるものであることがわかる。

唐澤はまず、先にも言及した《天津日嗣》を「君が代を祝うもの」の例として挙げ、その直後に《蝶々》をもう一つの例として掲載しているが、このことからも、唐澤の「君が代を祝うもの」の基本的な分類基準は、①「君が代いわえ」という直接的な歌詞のあるもの、②歌詞内容が間接的に天皇を敬っていると認められるようなものの二つであることが理解される。したがって、《蝶々》と《富士山》の二曲は伊澤の『唱歌略説』に解説が存在していたために、《おぼろ》や《さけ花よ》とは違って例外的に「君が代を祝うもの」に含められたという推測が成り立つ。

以上で「君が代を祝うもの」に関する考察を終えるが、次に分類項目のうち、その基準がわかりやすいものを列挙しておきたい。

分類基準がわかりやすい項目と《年たつけさ》

「生活・行事」の項目は、第42曲《遊猟》が漁師、第52曲《なみ風》が船乗りと旅人、第70曲《船子》が船乗り、第71曲《鷹狩》が鷹狩り、第76曲《瑞穂》が神嘗祭と、どの楽曲の歌詞も具体的な人々の生業や行事などを描いている。

「父母」の項目は、すべての歌詞内容が親への恩に関するものであり、必ず「ちち」もしくは「はは」という言葉が存在する。

「勉学・勤勉」の項目も、「蛍雪の功」を歌った《蛍の光》に代表されるように、一見してわかりやすい楽曲が選ばれている。

「人倫・人生」の項目に関しては、少々の変動が認められるが、「恩」や「誠」や「義」など儒教のキーワードを持っている楽曲が多く、そうでない第86曲《花月》なども、和歌やことわざからとった訓戒を含んでいると言える。

そして最後に、唐澤が「自然、生活・行事に関するもの」、「君が代を祝うもの、忠君愛国的なもの」、「教訓的なもの」という三つの大分類の中で、「君が代を祝うもの、忠君愛国的なもの」を最も優先していた証拠として、第36曲《年たつけさ》を挙げたい。以下に歌詞を記す。

第三六《年たつけさ》

一　としたつけさの、そのにぎわいは、みやこもひなも、へだてなく、毬歌うたひつ、羽子つきかはしつ、こころごころに、うちつれだちて、かしこもここも、あそびゆくなり、都も鄙も、あそぶなり

二　のどけき春に、はやなりぬれば、わかきもおいも、わかちなく、さく花かざしつ、なく鳥ききつつ、こころごころに、うちつれだちて、やまべに野辺に、あそびゆくなり、山辺に野辺に、あそぶなり

三　ことしもいつか、なかばは過ぎて、秋風さむく、身にぞしむ、すずむし松虫、はたおる虫さへ、ながき夜すがら、なくねをきけば、われらもおいの、いたらぬさきに、学の道に、いそしまむ

四　千代ながづきの、月たちぬれば、まがきのうちと、へだてなく、しら菊はなさき、紅葉かがやく、菊ともみじを、かざしにさして、君が代いわえ、八千代もちよも、わが君いわえ、よろず世も

この歌詞を連ごとに項目で分類するならば、新年を歌った第一連が「生活・行事」、「のどけき春」の第二連が「自然」、夜ごと鳴く虫に倣って学問にいそしもうという第三連が「勉学・勤勉」であり、第四連になって初めて「君が代を祝うもの」に分類できるだろう。しかし唐澤は、このさまざまな要素が内包された楽曲を「君が代を祝うもの」へと分類している。

「忠君愛国」の項目

最後に「忠君愛国」の項目を取りあげたい。この項目に分類されているのは、第18曲《うつくしき》、第44曲《皇御国《すめらみくに》》、第61曲《古戦場》、第79曲《忠臣》、第91曲《招魂祭》の五曲である。まず、「君が代を祝うもの」とは違うこの五曲の共通点としては、「戦い」を連想させるキーワードが含まれていること、すなわち「国家のために

戦う人物像」が描かれていることが挙げられる。具体例として、以下に《古戦場》の歌詞を記す。

第六一《古戦場》

一　屍は朽て、骨となり、刃はおれて、しもむすぶ、今はた靡く、旗薄、皷のおとか、まつ風か

二　人影みえず、風さむし、蓬はかれて、霜しろし、命を捨し、真荒雄が、その名は千代も、朽せじな

戦で命を捨てた真荒雄《ますらお》（益荒男、立派な男子）のその名と功績は、千代にわたって朽ちることはないという、国を守って死ぬことの素晴らしさを訴え、国に殉じる人物を称える歌詞内容となっている。現在の日本の音楽科教科書においては絶対に存在し得ないような歌詞であろう。

「君が代を祝うもの、忠君愛国的なもの」の項目に関連することとして、唐澤は著書『教育の流れの中で』において「戦前までの日本を一貫したものは忠君愛国」[14]であったと断じている。自由民権運動に安泰を脅かされ始めた明治政府は、一八八〇年頃から儒教主義教育に逆行し始め、さらに明治二〇年代以降はナショナリズムが勃興し、一八九〇年に天皇制絶対主義教育の柱である「教育勅語」が発布されたことによって、教育においては忠君愛国が最重要視されるようになる。唐澤が、『小学唱歌集』歌詞分類の中で「君が代を祝うもの、忠君愛国的なもの」を優先している理由もやはりここにあるだろう。

『小学唱歌集』に関しては、一八八〇年代前半に編纂が行われたため、忠君愛国への過渡期の教科書と見なすことができるが、それは忠君愛国と関係ないということではなく、むしろその興隆へ貢献したものであった。『小学唱歌集』で描かれている忠君愛国の理想は、やがて日本人の理想像へとなっていく。

節のまとめ

以上、本節では「御代」という言葉が歌詞に含まれているにもかかわらず、「自然」の項目に分類されている《さけ花よ》など、唐澤の分類基準への疑問から始まり、唱歌歌詞同士の比較考察や、唐澤の分類表におけるそれぞれの項目の精査などを行うことによって、『小学唱歌集』の内容や目的を再び見直すことができたのではないかと思う。

精密な分類を行っている唐澤が、何の疑問も持たずに《おぼろ》と《さけ花よ》を「自然」の項目に分類したとは考えにくい。唐澤が『教科書の歴史』を執筆した当時は、まだこの二曲の原曲は判明していなかった。つまり、原曲との比較考察はできず、《蝶々》と同じく音楽取調掛の手が加わっているかどうかは論拠に乏しかったため、あえてこのような曖昧さを残したのではなかろうか。

第2節　ルーサー・ホワイティング・メーソンの教科書との比較

節の導入

本節では、『小学唱歌集』が編纂された際に、最も重要な参考資料であったメーソンの教科書『国楽大系 *National Music Course*』と『小学唱歌集』の比較分析を行う。この節の目的は、明確な歌詞分類基準を提示し、『小学唱歌集』の構成における『国楽大系』からの影響を示すことである。

メーソンはメーン州ターナー出身の音楽教育家であり、一八二八年よりボストン音楽アカデミーにて学ぶ。その後オハイオ州シンシナティにおいて一八五六年より公立学校の音楽教師を勤め、一九六四年にはボストンの低学年音楽監督兼教師に就任し、ボストンの出版社より一八七〇年に児童用音楽教材集『国楽大系』初版を出版する。

『国楽大系』は米国初のシリーズ教科書であり、教師用の教科書兼教材集である *First Music Reader, Second Music Reader, Third Music Reader* と、生徒用で教室に掲げて使われる *National Music Charts I, National Music Charts II, National Music Charts III, National Music Charts IV*、そして解説書兼指導手引きである *National Music Teacher* の全七冊で構成されている。*Music Reader* と *Music Charts* は同じ巻号のものの一部が等しい内容であり、*National Music Charts IV* は独立した内容となっている。

楽曲に関しては作曲者や出典が明記されている曲もあるが、大部分は記載がない。*Music Reader* 三冊には、合計二一五（*First Music Reader* より順に八六曲、七四曲、五五曲）の楽曲が掲載されている。また、楽曲の難易度は段階的であり、実際の教科書においては楽曲に先んじて、「音楽的能力の獲得」を目的とした暗誦唱や視唱、さまざまな音楽要素の練習が掲載されている。[15]

このように、まず音楽経験をさせてから理論に移り、優しいものから難しいものへ移っていくという教育課程の特徴は、前章でも論じたペスタロッチの教育思想に根ざしているものと言える。[16] 実際に、*First Music Reader* の改訂版である一八九〇年の *The New First Music Reader* 序文は、「ペスタロッチの初等教育システムは、三本の柱で成り立っている。すなわち表現形式、曲、言語という三本の支柱である」というペスタロッチ主義唱歌法の解説から始まる。

『国楽大系』の歌詞分類表

はじめに、『国楽大系』における *First Music Reader, Second Music Reader, Third Music Reader* の歌詞分類を作

成して以下に記す。楽曲名後ろの数字は、*First Music Reader* からの掲載順に通し番号をつけたものである。歌詞分類の基準は唐澤による『小学唱歌集』歌詞分類に準じる。さらに、前章で取り上げた中村理平の「神をあがめ神を敬う賛美歌の旋律と精神は歌詞を変えればそのまま天皇への帰依と服従、そして天皇からの慈悲を願う国民の魂の育成に通じる」という言葉も参考にして、「1　自然、情景、人物を歌ったもの」、「2　賛美歌、キリスト教的内容の含まれるもの」、「3　教訓的なもの」という三つの大項目を作る。

1　自然、情景、人物を歌ったもの

Ⅰ　自然六〇曲

Spring-time fair and gay（1）, *Come to the globe*（4）, *Autumn*（5）, *Cherries ripe*（9）, *Joys of Summer*（10）, *Winter adieu!*（13）, *Messenger of spring*（14）, *Morning*（15）, *Cattle o'er meadows roam*（16）, *Gratitude*（20）, *Wandering-song in Summer*（23）, *Awake from sleep*（25）, *Spring song*（27）, *May dancing song*（28）, *The rising sun*（29）, *Winter is come*（31）, *Evening*（34）, *Rest of the flowers*（35）, *Out in the air*（38）, *Beautiful Star*（39）, *Longing for spring*（40）, *Oh, haste thee hither?*（41）, *Twinkle, twinkle little star*（43）, *Speak gently*（45）, *The birds around are pouring*（50）, *Invitation*（53）, *May song*（70）, *The violet*（71）, *Autumn song*（76）, *Modesty triumphant*（80）, *Winter Song*（93）, *Morning Awaketh*（95）, *The Rising Sun*（96）, *Song of the Woods*（99）, *The Grove*（105）, *Beginning for spring*（107）, *Evening Sun*（109）, *The Wood Horn*（112）, *Spring Wishes*（113）, *Spring Evening*（115）, *The Moon*（123）, *Spring Song*（134）, *Come, May thou lovely Lingerer*（135）, *The Grove*（138）, *Farwell to the Woods*（147）, *Arrival of Spring*（148）, *Spring*（149）, *Summer joys*（150）, *Mountain Song*（166）, *Autumn Song*（168）, *Every flowing, mighty Ocean*（171）, *O gentle, balmy Breeze*（172）, *Summer comes*（173）, *Verdant Fields*

（178）, *As I range the spacious Fields*（180）, *Hail, Queen of Night*（181）, *Autumn Pictures*（183）, *The dry Leaves are falling*（186）, *Spring Song*（193）, *Now the windy Storms are o'er*（195）

Ⅱ　情景二四曲

He doth clothe the lily（11）, *The boat-song*（12）, *Village bells*（21）, *Village bells*（36）, *My lamb*（56）, *The boy and the beetle*（57）, *The stork's farewell*（58）, *The sparrow and the cat*（59）, *Who's to blame?*（60）, *The mill*（63）, *My flower*（68）, *The dog and the cat*（69）, *The bee*（73）, *Fido and his master*（77）, *O mousery dear !*（79）, *Skipping Pebbles*（81）, *Pussy Knows !*（82）, *The lark*（84）, *To the fox*（85）, *The Water-Lily*（88）, *The Bee's Lesson*（104）, *The Mower's Song*（111）, *My Home in the Valley*（120）, *The Floweret*（121）, *Loreley*（122）, *To a Butterfly*（139）, *The Bugle's Song*（151）, *The Birth-Day*（152）, *Rural Delights*（154）, *The Nightingale's Answer*（156）, *The Little Church*（165）, *Murmur, gentle Lyre*（169）, *The Ivy*（187）, *Loreley*（204）

Ⅲ　人物一〇曲

Nobody asked you to, sir !（19）, *Santa Claus*（64）, *The Sphered Boy*（100）, *Hunter's Song*（114）, *The Traveler*（126）, *The Swiss Boy*（140）, *The Alpine Shepherd*（141）, *Barbarossa*（189）, *Swiss Mountaineer*（203）, *See ! The conqu'ring, Hero comes*（209）

2　賛美歌、キリスト教的内容の含まれるもの

Ⅰ　賛美歌四七曲

Angels holy（3）, *God's providence*（7）, *God above, we worship thee*（17）, *Christmas greeting*（18）, *Happiness of the God*（22）, *Refreshed by gentle slumbers*（24）, *German choral*（37）, *Love of country*（46）, *Song of praise*（47）,

Nature gives no sorrow（62）, *Why those tears*（65）, *God's care*（67）, *Sing and pray*（66）, *Trust in God*（87）, *Wilmot*（91）, *Morning Song*（92）, *Heaven's Power*（94）, *Awaking Song*（97）, *Sunday song*（98）, *Song of Praise*（101）, *Our Father*（102）, *My Country*（153）, *Baden*（157）, *Webb*（160）, *Prase ye the Lord-All that have*（161）, *Hosanna*（162）, *The Sabbath*（163）, *Song of Prase*（164）, *God Omnipotent*（170）, *Song of Fatherland*（175）, *As the dewy shades*（184）, *My Fatherland*（185）, *Pleyel's Hymn*（188）, *My God, how Endless if thy Love*（190）, *The Orphan's Prayer*（191）, *Let us with a gladsome mind*（196）, *Doxology-Mighty God*（199）, *The Fatherland*（201）, *My country, 'tis of thee*（206）, *Anthem-Call upon me*（207）, *Give Thanks to God*（208）, *Alleluia*（210）, *Praise ye the Lord! Praise the King*（211）, *Wondrous King of heaven*（212）, *There is a River*（213）, *German Chorale*（214）, *Old Hundred*（215）

Ⅱ　キリスト教的内容の含まれるもの二七曲

There are stores of joy（2）, *The shower*（55）, *God takes care of good children*（72）, *The child's angel*（75）, *Christmas dream*（78）, *Praise of Song*（90）, *We know a Land*（106）, *Truth and Honesty*（110）, *The Rain*（118）, *Evening Song*（119）, *The Evening Twilight*（124）, *Our Native Land*（128）, *Peace*（130）, *Sowing flowers*（133）, *Wandering Song*（136）, *Wandering-Call*（143）, *The Three Delights*（144）, *The Bell*（145）, *God thy helper*（146）, *Song of the Country*（155）, *The Innocent*（158）, *Midwinter*（159）, *How Deep a Sleep hath Bound thee*（177）, *I saw the smiling, Golden sun*（182）, *Morning Song*（192）, *Oh, see how pleasant*（198）, *Shades of Evening*（200）, *Why those Tears*（205）

3　教訓的なもの、その他

Ⅰ　人生、人倫二九曲

Song of gladness（26），*Evening song*（32），*Golden rule*（33），*Sweet music*（42），*Little bird with bosom red*（44），*Hark ! The distant clock*（48），*At home and abroad*（51），*Forget me not*（52），*The dragon-fly*（61），*Who can guess?*（83），*Praise of singing*（86），*Morning Song*（103），*Faith*（108），*Praise of Singing*（116），*Pleasures of Evening*（117），*Friendship*（125），*Childhood*（127），*Come and see how happily*（129），*The Joys of Innocence*（131），*Childhood Pleasures*（132），*Always some Good*（137），*Patriotic Song*（142），*At Evening*（167），*Away with needless Sorrow*（174），*See the Setting Sun*（176），*The wild Rose*（179），*Evening song*（194），*Shortness of Time*（197）

Ⅱ　父母三曲

Let children ever keep in mind（6），*Rabbit-bread*（54），*Night*（74）

Ⅲ　遊び歌、子守歌五曲

Let us sing a merry lay（8），*Come and follow*（30），*'T was well begun*（49），*Lullaby*（89），*Good Night*（202）

歌詞の分類基準

通し番号については、1から86が *First Music Reader*、87から160が *Second Music Reader*、161から215までが *Third Music Reader* の楽曲である。分類の基準として、「1　自然、情景、人物を歌ったもの」については、キリスト教的な内容が表面化しておらず、四季や天空、植物の美しさなどを歌ったものを「自然」の小項目に、自然の美しさとは違う、ある場所や動物、出来事等についての内容のものを「情景」に、特定の人物を歌詞内容の中心に据えているものを「人物」の小項目として分類した。

「情景」は基準がやや曖昧であるが、重要なのは、キリスト教的もしくは教訓的ではないということである。例として第36曲の歌詞と日本語訳詞を記載しておく。

Village bells[17]

Hark! The village bells are ringing, Ringing out in merry glee ; If you wish to join in singing, Follow, follow, follow me.

《村の鐘》

聴け！　村の鐘が外で鳴り響くのを、快活な喜びの中で。もし歌に加わりたかったら、私に続け、私に続け。

次に「2　賛美歌、キリスト教的内容の含まれるもの」について、「神を賞賛せよ」や「めでたき地上の王」などというふうに神への直接的な賛美の歌詞があるもの、また、神への敬いを歌の主題としているものを「賛美歌」の小項目に、その他のキリスト教的内容の含まれる歌詞内容のものを「キリスト教的内容の含まれるもの」の小項目に分類した。基準がやや曖昧と思われる「キリスト教的内容の含まれるもの」の小項目における歌詞内容の例として第119曲の歌詞と日本語訳を以下に記す。

Evening song[18]

1　If I've fulfilled my daily task aright, And ev'ry duty done, Then joy to me when darkest shades of night, Shall could the sinking sun ; How cheering, then, how calming, The golden ling'ring ray, The eventide is charming,

That ends a well-spent day.

2 But woe to him whose eye that hour is dim, With sin-repenting tears ; No anguish ever can restore to him, The joys of wasted years. Oh, precious are the power and time that God has giv'n! May I each passing hour, Lay up some store in heav'n.

《夕べの歌》

1 もし私が日々の仕事を正しく終え、そしてすべての職務を成し遂げたなら、太陽が沈んで夜の闇の濃くなる頃には、幸せが私に与えられる。何と楽しく、何と穏やかだろう。黄金のゆったりとした輝き。夕暮れは魅力的だ。その終わりは、善き日の終わり。

2 しかし、その時間がぼんやりとしか見えない者には、罪を悔いる涙でもって災いあれ。どんな苦しみも浪費された年月の喜びを彼の元に戻すことはできない。ああ、神の与えた時間とは貴重なものだ。それぞれの過ぎ去る時間をいくらかでも天の貯蔵庫に貯えられますように。

そして「3　教訓的なもの」について、「父母」の項目は項目名そのままに父母への愛や恩に関するもの、「遊び歌、子守歌」に関しては、それ以外の項目に分類できなかった五曲をこのような形で纏めた。「人生、人倫」の小項目は、友情や誠実の大切さを歌ったものから、人生そのものを歌詞内容としているものまで幅広い。この項目の分類においては、やはりキリスト教的内容を示す歌詞がないということ、人生への何らかの示唆であるということを重視した。例として、第26曲の歌詞と日本語訳詞を以下に記したい。

Song of gladness [19]

1 Cheerfully resounding, Let the tide of song, Evermore abounding, Keep our sprits strong.
2 Sing in joyful measure, All the livelong day ; Life shall pass in pleasure: Sing we while we may.
3 Hark! the song of gladness, Sound it o'er and o'er ; Naught know we of sadness, Singing evermore.

《喜びの歌》

1 今こそ歌のとき。快活に響かせろ。常に満ち溢れ、我々の心を強く保て。
2 喜びの中で歌え、生涯すべてにおいて。そうすれば、喜びのうちに人生をすごせるだろう。歌えるあいだに歌え。
3 聴け、喜びの歌を、もっともっと遠くへ響かせろ。悲しみを我々は知らない。常に歌を歌え。

『国楽大系』と『小学唱歌集』の比較考察

さて、『国楽大系』の分類表で目立つのは「自然」の小項目である。全二一五曲のうち六〇曲がその項目に含まれるが、『小学唱歌集』でも「自然」の小項目は全九一曲のうち三四曲と分量が多い。しかし『国楽大系』は、「1　自然、情景、人物を歌ったもの」という大項目自体の曲数が多く、全部で一〇四曲と全体の半数近くを占める。ここで着目しておきたいのは、*First Music Reader* においてはこの大項目の比率が高く、全八六曲のうち五一曲が「1　自然、情景、人物を歌ったもの」に含まれるということである。この大項目の比率は、*Second Music Reader* で七四曲中三四曲、*Third Music Reader* では五五曲中二〇曲と、巻を重ねるごとに比率が下がっていく。

これはペスタロッチ主義における段階的学習（ステップ・バイ・ステップ）の考え、すなわち簡単なものから始めて段階的に難しいものを学習していくという考えに基づいていると推察される。「1　自然、情景、人物を歌ったもの」の大項目の歌詞内容が他の二つの大項目に比べると低学年でも理解しやすいものであるため、そのような歌詞内容の楽曲で音楽に親しみ、やや難しいキリスト教的、教訓的な歌詞は、音楽に慣れてくるに従って増やしていくということである。

この視点で『小学唱歌集』を見てみると、第一編の全三三曲中一六曲、また第二編の一六曲中九曲が「1　自然、生活・行事に関するもの」に分類されているのに対し、第三編における同項目は四二曲中一四曲と、明らかに比率が下がっている。『小学唱歌集』第三編において比率が高いのは二〇曲が掲載されている「3　教訓的なもの」であり、歌詞内容に基づいた『小学唱歌集』の各編における楽曲配置は、ペスタロッチ主義に基づいた『国楽大系』と同じ傾向を持っていると見なせるだろう。

『小学唱歌集』における「3　教訓的なもの」の項目には『国楽大系』の「キリスト教的内容の含まれる」楽曲を原曲とするものも含まれている。『国楽大系』における教訓的な要素は、かなりの部分が「キリスト教的内容」の曲にも含まれており、これを「2　君が代をうたうもの、忠君愛国的なもの」と「3　教訓的なもの」の比率が等しい『小学唱歌集』に比べると、先に記した《喜びの歌》のようにキリスト教的内容の含まれていない純粋な「教訓」のみを歌っている楽曲はやや少ない。

また、それぞれの教科書におけるメインテーマとでも言うべきものは、やはり大項目2の小項目1、すなわち『小学唱歌集』における「君が代を祝うもの」と、『国楽大系』における「賛美歌」であり、どちらも全体の曲数の二〇パーセント強と比率が近く、それぞれ「自然」の小項目に次いで多い曲数が含まれている。『国楽大系』は、そのキリスト教的な要素からも一種の「学校用讃美歌集」であるということが言える。前述の中村の言説を踏まえるならば、このキリスト教に基づいた教育的讃美歌集を「君が代を祝う」賛美歌集へと改変したのが『小学唱歌集』なのであろう。

最後に、それぞれの教科書の全体を比較した時、『小学唱歌集』第一編の冒頭に記載されている音階練習図[20]が、*First Music Reader* のやはり冒頭に示されているものであることに気付く。

これに加えて、『小学唱歌集』第一編の最初の一二曲は音楽的な旋律になっておらず、狭い音域の中で繰り返し声を上下させるという点で西洋音程の練習曲と見なせるが、どれも *Second Music Reader* 冒頭の音程練習からとられたものである。*Music Reader* 三冊では、どの冒頭にも音程、音階、和音の練習曲が掲載されており、それが段階的に高度なものになっていくが、『小学唱歌集』では、上記の第一編における音階練習、同じく第一編冒頭における音楽記号の説明、第二編の冒頭におけるリズム練習図以外はすべて楽曲の掲載である。

第一編冒頭の音階練習などは、音声生理学における訓練と共通するものともされているが[21]、日本で最初の音楽教科書である『小学唱歌集』では、音楽の高度な訓練ということよりも、むしろ西洋式の「音声」の獲得が目指されていたと考えられる。先に記した『小学唱歌集』緒言にも「然シテ之〔唱歌〕ヲ学校ニ実施スルニ及ンデハ、必ズ歌曲其当ヲ得、声音其正ヲ得テ、能ク教育ノ真理ニ悖ラザルヲ要」するとあり、「歌曲の獲得」と「音声の西洋化」が『小学唱歌集』の重要な目的であったことが窺える。

また本節の冒頭でも述べたように、『国楽大系』はペスタロッチ主義に基づいたものであり、それは『小学唱歌集』についても同様のことが言える。緒言における「凡ソ教育ノ要ハ徳育智育体育ノ三者ニ在リ」という表現は、ペスタロッチ主義における「知育、徳育、体育」の三育に基づいたものであり、『小学唱歌集』がペスタロッチ主義に基づいているということを示唆している。

節のまとめ

以上、本節では楽曲歌詞の明確な分類基準を提示し、『小学唱歌集』における『国楽大系』からの影響を論じるという目的で、二つの教科書の比較分析を行った。複数の部分において『国楽大系』から『小学唱歌集』への教育思想の輸入が見られる。どちらの教科書もペスタロッチ主義という基盤に基づいており、さらに歌詞による教化という目的を内包し、同じ音階練習図を掲載している。

また、『小学唱歌集』における改変としては、賛美歌を中心とした『国楽大系』に対し、それを「君が代を祝うもの」へと置き換えた『小学唱歌集』、暗誦唱や視唱、さまざまな音楽要素の練習を各巻において段階的に載せることによって「音楽的能力の獲得」を目的としている『国楽大系』に対し、音楽の高度な訓練よりむしろ「音声の西洋化」を目指す『小学唱歌集』などの比較構図を導き出すことができた。

第3節　「翻訳唱歌」の分析——君が代、忠君愛国、教訓——

節の導入

本節からは、「翻訳唱歌」の歌詞とその原曲歌詞との比較分析を行う。本章の冒頭で述べたように、音楽取調掛は西洋の旋律に日本語の歌詞を後付けする方法で楽曲を作っていた。そこでは、原曲の歌詞を表面上参考にして、日本文化に基づいた唱歌歌詞を作るという、翻案と言ってよい手法が使われている。したがって、原曲歌詞からの改変を精査することによって、当時の日本で求められていたナショナリズムの実体について考察することができると思われる。
まず本節では『小学唱歌集』の中の、唐澤が「君が代を祝うもの、忠君愛国的なもの」と「教訓的なもの」に分類した楽曲について分析を行う。楽曲の選定に当たっては、原曲と全く関係ない歌詞内容のものは分析に含めず、原曲からの翻案の形になっている楽曲を選んだ。

「儒教主義復活時代」

この「君が代を祝うもの、忠君愛国的なもの」と「教訓的なもの」という二つの大項目を扱うにあたっては、「儒教主義復活」という唐澤の視点による部分が大きい。唐澤は『教科書の歴史』で、明治期の教科書について六つの時期に分けて論を進めており、『小学唱歌集』の編纂時期を「儒教主義復活時代」と名づけている。

この時代の教科書の特徴としては、その前に五、六年ほど続いた「欧米文化心酔期」とは逆に、「前近代的な儒教倫理を重視している」ということである。この時代には、それまで重視されていた地理や理科などの科学教育の影響が弱まり、修身の影響が大きくなり始める。唐澤によれば、福沢諭吉はそれを「政府の当局者はついに教育方針を一変し、古学主義を復活せしめ、新に修身書を編纂選定して、専ら古流の道徳を推奨して満天下の教育を忠孝愛国の範囲内に跼蹐せしめん」と評している。[22] そのような状況になった理由として、唐澤の分析によると、明治「十年過ぎより極めて活発化した自由民権運動に対する抑圧」ということが大きかった。

一八七九年に明治天皇は、「教学聖旨」を内務卿であった伊藤博文らに下付し、「学制」以来の教育方針転換を命じたのである。その内容は、「専ラ智識才芸ノミヲ尚トヒ、文明開化ノ末ニ馳セ、品行ヲ破リ、風俗ヲ傷フ者少カラス」として現在の問題点を指摘し、教学の根本精神は講師の教えを「本」とし、その上で欧米より近代的な知識才芸、すなわち「末」を導入するやり方でなければならず、それゆえ今後は「専ラ仁義忠孝ヲ明カニシ、道徳ノ学ハ孔子ヲ主トシテ」行うべきであるというものだった。[23]
　この文脈において教育令の改正が公布され、『小学唱歌集』の編纂が行われる。例えば第一編編纂と同年である一八八一年に出された「小学校教員心得」においては「教員タル者ハ殊ニ道徳ノ教育ニ力ヲ用ヒ生徒ヲシテ皇室ニ忠ニシテ国家ヲ愛シ父母ニ孝ニシテ」[24]という記述があり、そこでは封建的な道徳観としての忠孝教育が重視され、同時に愛国心の涵養も説かれている。
　そもそも儒教には忠孝の前提として「五常（仁、義、礼、智、信）」を拡充することにより「五倫（父子、君臣、夫婦、長幼、朋友）」の関係を維持すべしという基本の教義が存在し、これは『小学唱歌集』にも第32曲《五常の歌》と第33曲《五倫の歌》として組み込まれている。伊澤は前述の『唱歌略説』においてこの二曲の解説を掲載しており、「五常五倫ノ大綱ヲ掲ゲ忠孝慈悲ノ人生ニ必要ナルヲ延べ生徒ノ修身上ニ裨益セシメントスル」という唱歌教育全体にも通じる目的を記述している。
　さらに、戦前の日本における儒教概念として、「忠孝」は「恩」によって特徴付けられるものでもあった。例えば、江戸時代の寺子屋の教科書として使用されていた『実語教』では、忠孝が至上道徳として説かれ、「父母には朝夕に孝せよ」、「人にして孝無き者は畜生に異ならず」などという教えが記述されている。同じく寺子屋の教科書として使われていた『童子教』でも、「父の恩は山よりも高く須弥山尚下し、母の徳は海よりも深く滄溟の海も還って浅し」と説き、その理由を「子供の身体髪膚はすべて父母よりうけたものであるが故に、そこに無限の恩を両親に蒙っている」からとしている。[25]
　親の「恩」に子が「孝」で応えるということだが、この親と子の「恩」で結ばれた関係は、天皇と臣民の間においても同様とされていた。これに関して以下に、明治期から昭和初期にかけての哲学者である川合貞一による「恩」の解釈を記しておきたい。

恩の本質は決して高下の差別を含んで居るものではなく、何人も同等同位等しく相互に感ずべきものである。が、併し社会には地位に上下の差別があり、長幼の序があるからしてこの恩が個別化して個々の徳となつて現れて来る場合には、其の間に自ら差別が生じて来るのである。即ち君には仁となり、臣には忠となり、親には慈となり、子には孝となつて来るの類である。が、さういふ徳はいづれも感恩の感じをその基調として成立するものに他ならないのである。[26]

この解釈にしたがえば、「恩」自体は本質として差別を含んでいるものではないが、個々人の社会的な立場の違いによってその「恩」も差別化されてくるということである。すなわち親の「慈」に報いる「孝」と同様の心を以て「仁」を持った天皇を尊敬することこそが「忠」である。この「忠」の思想は幕末の尊王論に結びつき、新渡戸稲造による『武士道』にも多大な影響を与えた。

歌詞の比較分析

以下、これまでの議論に基づき、歌詞分析を行う。唱歌歌詞、原曲歌詞、原曲訳詞、考察の順に記載する。

第一六《わが日の本》
歌詞は、本章七一ページに掲載。

Happy Land[27]

1　There is a happy land, far, far away, Where saints in glory stand, bright, bright as day. Oh, how they sweetly sing, worthy is our Savior King, Loud let His praises ring, praise, praise for aye.

2 Come to that happy land, come, come away ; Why will ye doubting stand, why still delay? Oh, we shall happy be, when from sin and sorrow free, Lord, we shall live with Thee, blest, blest for aye.

3 Bright, in that happy land, beams every eye ; Kept by a Father's hand, love cannot die. Oh, then to glory run ; be a crown and kingdom won ; And, bright, above the sun, we reign for aye.

《幸せの国》

1 遠く遠くに幸せの国がある。そこでは日の光のように輝かしい聖者たちが、栄光の内にある。ああ、彼らの歌の美しきこと、我らが救世主の王に相応しい。彼の賞賛の声が、大きく永久に響き渡るように。

2 来たれ幸せの国に、入るがいい。何故汝らは疑い、そしてぐずるのか？ ああ、我々は罪と悲しみから逃れるなら幸福になるだろう。主よ、私たちは汝とともに生き、永久に祝福します。

3 あの幸せの国では、すべての目が光り輝く。父の手に保護され、愛は絶えることがない。ああ、栄光の囲い場は、王冠と王国となり勝利をもたらす。そして太陽より高く光り輝き、私たちは永久に統治する。

唐澤の分類によると、《わが日の本》の歌詞は「君が代を祝うもの」であり、原曲はメーソンの音楽教材集に収録されている賛美歌《幸せの国》である。唱歌歌詞は日本の四季を歌っており、直接的な「君が代」に関する歌詞はないが、「もろこしびとも高麗びとも、我らが日本のかすんだ日ざしを見て春を知る」という《富士山》にも通じる日本を中心としたものの見方と《わが日の本》という題名に、間接的な天皇への賛美を見出すことができる。

原曲の方は、救世主によって作られた幸せの国、すなわちキリスト教における天の国を歌ったものであり、「国」

というテーマを中心としている点で唱歌歌詞と一致し、キリスト教における神の恩寵である「幸福」というサブテーマを、「わが日の本」のめぐみである「四季」に置き換えて作詞したものと考えられる。

第二二《ねむれよ子》

一　ねむれよ子、よくねるちごは、ちちのみの、父のおおせや、まもるらん、ねむれよ子

二　ねむれよ子、よくねるちごは、ははそばの、母のなさけや、したふらん、ねむれよこ

三　ねむれよこ、よくねておきて、ちちははの、かはらぬみ顔、おがみませ、ねむれよこ

The Cradle Song[28]

1　Sleep, baby, sleep, Thy father's watching the sheep, Thy mother's shaking the dreamland tree, And down drops a little dream for thee, Sleep, baby, sleep!

2　Sleep, baby, sleep, The large stars are the sheep, The little stars are the lambs, I guess, And the bright moon is the shepherdess, Sleep, baby, sleep!

3　Sleep, baby, sleep, The Savior loves His sheep, He is the Lamb of God on high Who for our sakes came down to die, Sleep, baby, sleep!

《ゆりかごの歌》

1　眠れ赤子よ眠れ、お前の父は羊を守り、母は夢の国の木をゆする、そしてお前に小さな夢が訪れる、眠れ赤子よ眠れ。

2　眠れ赤子よ眠れ、大きな星は羊、小さな星は小さな仔羊、思うに月は小さな羊飼い、眠れ赤子よ眠れ。

3　眠れ赤子よ眠れ、救世主は彼の子羊を愛する、自身も天の神の仔羊、そして私たちのために地上に下り死ぬ、眠れ赤子よ眠れ。

この唱歌の歌詞は唐澤によって「父母」の項目に分類されている。英語の原曲が、子守歌の形式を持ちながらキリスト教の要素を強く打ち出しているのに比べ、唱歌の歌詞は原曲一番の内容を表面上参考にしているだけである。教育勅語にも使用され、明治期の教育で重要視されていた儒教的道徳「父母の恩」の大切さを三連にわたって歌う内容になっている。

第四五《栄行く御代》

一　さかゆく御代に、うまれしも、思えば神の、恵なり、いざや児等、神の恵を、ゆめな忘れそ、ゆめな忘れそ、ゆめな忘れそ、時の間も、いざやこら、神の恵を、ゆめな忘れそ、ゆめな忘れそ、ゆめな忘れそ、ときのまも

二　恵も深き、かみがきの、みまえのさかき、とりもちて、ちはやぶる、神の御前に、うたいまわまし、うたいまわまし、うたいまわまし、夜もすがら、ちはやぶる、神の御前に、うたいまわまし、うたいまわまし、うたいまわまし、よもすがら

Adeste Fideles[29]

1　Adeste fideles læti triumphantes, Venite, venite in Bethlehem. Natum videte, Regem angelorum: Venite adoremus, Dominum.

2 Deum de Deo, lumen de lumine, Gestant puellæ viscera, Deum verum, genitum non factum. Venite adoremus, Dominum.

3 Cantet nunc io, chorus angelorum ; Cantet nunc aula cælestium, Gloria, gloria in excelsis Deo, Venite adoremus, Dominum.

4 Ergo qui natus die hodierna. Jesu, tibi sit gloria, Patris æterni Verbum caro factum. Venite Adoremus, Dominum.

《信仰深き人々よ》

1 信仰深き人々よ、勝利を喜びベツレヘムに来たれ。誕生を見よ、天使に讃えられた王の。王を崇拝し来たれ。

2 神の神、光の光、見よ、乙女の子宮を。真の神は作られずして生まれる。王を崇拝し来たれ。

3 今歌おう、天使の合唱とともに、今歌おう、天の輝きの前で。素晴らしき主に栄光あれ。王を崇拝し来たれ。

4 今日生まれいでた、イエスがそなたに栄光をもたらす。世界の父が肉体を持って出でた。王を崇拝し来たれ。

この唱歌は唐澤によって「君が代を祝うもの」に分類されている。原曲はもともとカトリックの賛美歌であるが、プロテスタントでもよく歌われ、英語圏でも《来たれすべての忠実な者たち *Come All Ye Faithful*》のタイトルで知られている。[30] 唱歌の一番は、天皇の治める栄えた世の中に生まれたのは、神道の神のおかげなので、その「恩」を夢にも忘れてはならないという内容で、原曲にある「生まれる」や「主」や「崇拝」などという歌詞を組み合わせたものだと推察される。ちなみに大日本帝国憲法第三条に「天皇ハ神聖ニシテ侵スヘカラス」と記されているように、明治新政府は天皇を神格化していた。唱歌二番は、「神垣」や「榊」、「夜もすがら御前に歌いまわまし」などの歌詞があり、伊澤の『唱歌略説』にも神楽を歌ったものという記述がある。原曲三番の内容を、神道風に翻案したものだと言えよう。

第四八《太平の曲》

一 ゆはずのさわぎ、飛火のけぶり、いつしかたえて、おさまる御世は、あめつちさえも、とどろくばかり、万代までと、君が代いわえ

二 たいらのみやこ、百敷の宮、みあとになして、むさしの国に、しづまりましぬ、年は三千とせ、代は百二十、御功績あおげ

Keller's American hymn[31]

1 Speed our Republic, O Father on high, Lead us in pathways of justice and right ; Rulers as well as the ruled, one and all, Girdle with virtue, the armor of might ! Hail! three times hail to our country and flag !

2 Foremost in battle, for Freedom to stand, We rush to arms when aroused by its call ; Still as of yore when George Washington led, Thunders our war-cry, We conquer or fall! Hail! three times hail to our country and flag !

3 Rise up, proud eagle, rise up to the clouds, Spread thy broad wing o'er this fair western world! Fling from thy beak our dear banner of old! Show that it still is for freedom unfurled! Hail! three times hail to our country and flag!

《ケラーのアメリカ賛歌》

1 栄えよわれらの共和国、おお天の父よ、我々を正義と公正の道へ導け、統治者と同じく統治される者も、一と全、善を取り巻く、権力の御印。称えよ、我らの国と旗を三度称えよ。

2 戦いの中で真っ先に、自由を求め立ち上がるために我々は戦いに駆けつける、それによって目覚めさせられた時、その昔、ジョージ・ワシントンに導かれた時、雷鳴が戦いで轟き、征服し、あるいは落ちた。称えよ、我らの国と旗を三度称えよ。

3 誇り高き鷲よ、雲に向かって飛び上がれ、この晴れた西の世界を超えて、そなたの広き翼を広げよ。我らの敬愛する古き旗印を嘴に携えて飛べ。自由の旗が広がるのを見よ。称えよ、我らの国と旗を三度称えよ。

Angel of peace [32]

1 Angel of peace, thou hast wandered too long; Spread thy white wings to the sunshine of love! Come while our voices are blended in song, Fly to our ark like the storm-beaten dove—Fly to our ark on the wings of the dove; Speed o'er the far-sounding billows of song, Crowned with the olive leaf garland of love; Angel of peace, thou hast waited too long!

2 Brothers we meet on this altar of thine, Mingling the gifts we have gathered for thee; Sweet with the odors

of myrtle and pine, Breeze of the prairie and breath of the sea—Meadow and mountain and forest and sea; Sweet is the fragrance of myrtle and pine, Sweeter the incense we offer to thee, Brothers once more round this altar of thine!

《平和の天使》

1　平和の天使よ、そなたは長きに亘ってさ迷っていた。愛の光へと、そなたの純白の翼を広げよ。我らの声が、一体となって歌っている時に来い。叩きつける嵐のように、我々の箱舟へと飛べ。精霊の羽で飛んでこい。遠くより、歌の声が押し寄せる。オリーブの葉による愛の冠で飾られ。平和の天使よ、そなたは永きにわたって待っている。

2　兄弟たち、我々は汝の祭壇で会う。汝のために集めた贈り物を混ぜる。ギンバイカとマツの甘い香り。大草原と、海の息吹の微風。牧草地と山地と森と海。優しき香りは、ギンバイカとマツの香り。甘い芳香を彼に捧げる。兄弟たちよ、もう一度祭壇を囲もう。

この唱歌は唐澤によって「君が代を祝うもの」に分類されている。原曲は《ケラーのアメリカ賛歌》と《平和の天使》である。前者はマサイアス・ケラー（Matthias Keller）によって作詞、作曲され、一枚刷りの楽譜として出版された。後者は、一八七二年の「国家平和記念祭」に際し、オリヴァー・ヴェンデル・ホームズ（Oliver Wendell Holmes）が《ケラーのアメリカ賛歌》の旋律に新たな詩をつけたものである。唱歌の歌詞は、一番が戦乱の世（明治維新と思われる）が静まり「君が代」を祝う内容に、また二番は京都から東京へ遷都がなされて明治天皇の治世を称えるものとなっており、国家を守護するという点で、主に *Keller's American hymn* の歌詞内容を参考にしていると言えよう。しかし「《太平の曲》の原曲は*Angel of peace*である」との記録が、「メーソン帰国の送別曲目」の英文プログラムに存在している。[33] そのため本節では二曲ともに歌詞を掲載した。

*Keller's American hymn*は米国独立戦争をテーマとして作詞されたものであり、唱歌の「御功績あおげ」という歌詞は、原詩の「称えよ、我らの国と旗を三度称えよ」という歌詞に重なる。また、唱歌一番の「あめつちさえも、とどろくばかり」という歌詞は、「遠くより、歌の声が押し寄せる」という*Angel of peace*一番の歌詞イメージから来たと考えられる。そして原曲ではジョージ・ワシントンという実在の人物の名前が出されているのに対し、唱歌においては明治天皇の名前が直接出されているわけではないものの、「東京に遷都、代は百二十」ということから明治天皇のことを歌っていると推察できる。

第五三《あおげば尊し》

一　あおげばとうとし、わが師の恩、教えの庭にも、はやいくとせ、おもへばいと疾し、このとし月、いまこそわかれめ、いざさらば

二　互にむつみし、日ごろの恩、わかるさ後にも、やよわするな、身をたて名をあげ、やよはげめよ、いまこそわかれめ、いざさらば

三　朝ゆうなれにし、まなびのまど、ほたるのともし火、つむ白雪、わするるまぞなき、ゆくとし月、今こそわかれめ、いざさらば

Song for the Close of School[34]

1　We part today to meet, perchance, Till God shall call us home ; And from this room we wander forth, Alone,

alone to roam. And friends we've known in childhood's days, May live but in the past, But in the realms of light and love, May we all meet at last.

2 Farewell old room, within thy walls, No more with joy we'll meet ; Nor voices join in morning song, Nor ev'ning hymn repeat. But when in future years we dream, Of scenes of love and truth, Our fondest tho'ts will be of thee, The school-room of our youth.

3 Farewell to thee we loved so well, Farewell our schoolmates dear ; The tie is rent that linked our souls, In happy union here. Our hands are clasped, our hearts are full, And tears bedew each eye ; Ah, 'tis a time for fond regrets, When school-mates say "Good Bye."

《卒業の歌》

1 今日、我らは別れよう、おそらく神が我らを天に召してめぐり合うまで。私たちは教室を出でて、一人さまよう。幼馴染たちは、過去となり、過去の中で生き続ける。しかし、最期は光と愛の国で再会する。

2 さらば古き教室よ、お前の中で楽しみ、皆と会うことはもうない。朝、声を揃えて歌うことも、夕べの賛美歌を繰り返すこともない。しかし、幾年も後の世、私たちは愛と真実の光景を夢見る。汝は最も大切な思い出になるだろう、私たちが若き日を過ごした教室は。

3 さらば、私たちが愛した汝よ。さらば懐かしき級友たちよ。私たちの魂を結びつけた結び目は切れる、幸せの絆の結び目は。われらの手は固く握られ、胸にあふれ、目には涙がにじむ。ああ、これぞ別れの時、級友たちは別れを告げる。

原曲は、二〇一一年に英文学者の櫻井雅人によって発見された《卒業の歌》である。《あおげば尊し》という有名曲の原曲であるこの英語の歌は、永らく不明であり、唱歌研究における最大の謎とされてきた。《あおげば尊し》と同じく三連形式の楽曲であり、歌詞も卒業をテーマにしたものである。しかし、原曲の歌詞が単純に旧友や教室との別れを惜しむものであるのに対して、唱歌の歌詞は「師への恩」を軸に成り立っている教訓的なものであり、唐澤の歌詞分類では「教訓的なもの」という大分類のうち、「勉学・勤勉」の項目に入れられている。教師という職業が、戦前、「聖職」として高い地位を誇っていたのは、この歌に見られるように、儒教に基づいた教育を推進していた文部省が、「師への恩」というものを重要な「教育的要素」に位置付けていたからということも大きかったのではなかろうか。また、唱歌の第三番における「蛍」と「雪」の言葉は、『小学唱歌集』第20曲《蛍（蛍の光）》でも引用されている「蛍雪の功」の故事に基づくものであると推察される。

第六九《小枝》

一　小枝にやどれる、小鳥さえ、礼はしる、道をもならいし、其人を、わするなよ

二　吾家にかいいる、犬さえも、恩はしる、君にもつこうる、ますら男よ、身をつくせ

I will magnify Thee, O God, and praise Thy name forever and ever. Ev'ry day will I give thanks, and praise Thy name forever and ever.[35]

《題名なし》

私はあなたを賛美する、おお神よ、そして永遠にあなたの名前を讃える。

私は毎日、感謝をささげ、そして永遠にあなたの名前を讃える。

原曲が一連のみの歌詞であるのに対し、唱歌では二連仕立てに拡大している。原曲は短い練習用の曲ながらも典型的な賛美歌調の歌詞であり、「毎日の神への感謝」というキリスト教的な教訓に基づいたものである。それに対し唱歌は、唐澤が「教訓的なもの」のうち「人倫・人生」の項目に分類していることからも分かるように、人生においては「礼、恩」を大切にしなければならないということを内容とする、儒教的教訓に基づいたものになっている。第2番では、「犬さえ恩を知っているのだから、ますら男、すなわち立派な男性諸君はなおのこと（国家や天皇のために）身をつくせ」という、明治期にありがちなジェンダー色を含んだ内容が見られる。

第七三《誠は人の道》

一　まことは人の、道ぞかし、つゆなそむきそ、そのみちに
二　こころは神の、たまものぞ、露なけがしそ、そのたまを

Truth and Honesty[36]

1 Let precious truth and honesty, Attend thee all thy days, And turn not thou a finger's breadth, From God's most holy ways.

2 Then, as on pastures fair and green, Through life thy feet shall roam, Nor fear nor terror shalt thou feel, When death shall call thee home.

3 The wicked man in all he does, Is ever sore distressed ; His vices drive him to and fro ; His soul can find no

rest.

4 The beauteous Spring, the waving trees, For him smile all in vain ; His soul is bent on lies and fraud, And on ill-gotten gain.

5 To him the leaf by breezes stirred, Has terror in its sound ; And when he's buried in the grave, His soul no rest has found.

6 Then practice truth and honesty, Though all thine earthly days, And turn not thou a finger's breadth, From God's most holy ways.

《真実と誠実》

1 大切な真実と誠実を、常に同伴させよ。そして神による最も神聖な道からほんのわずかでも外れぬように。

2 美しい緑の牧草地を歩くがごとく、お前の人生は進み行くだろう。恐れも暴力も感じることはない。死がお前を訪れる時も。

3 行いの悪い人間は、いつもすべてに苦しみ悩む。彼の悪行は彼を操り引き戻し、彼の魂は休息を見つけられない。

4 美しい春、ゆれる木々、すべては彼の愚かさにおける笑みのために、彼の魂は欺瞞と不正な利益の上に横たわる。

5 彼にとってはそよ風に巻き上げられた木の葉さえ、その音が恐怖に聞こえる。そして彼が墓穴に埋められるとき、彼の魂は休息を見つけられない。

6 あなたの地上での日々を通じ、真実と誠実を実行しなさい。そうすれば、神の最も神聖な道から外れることはない。

唐澤の分類によると、この唱歌は「人倫、人生」の項目に分類される。この原曲は、そもそもモーツァルト（Mozart）のオペラ『魔笛 *Die Zauberflöte*』より《恋人か女房がいれば》というアリアを原曲としたものであり、「恋人か女房が一人いれば、パパゲーノ〔登場人物の名前〕は幸せになれる」という歌詞で歌われるものである。原曲の《真実と誠実》はメーソンの『国楽大系』に掲載されている楽曲であり、調性と編曲が唱歌とほぼ等しい。「誠は人の正しい道であり、決して背いてはならない」と歌い、「忠孝」と並ぶ儒教の徳目「誠」の大切さを説く唱歌一番の歌詞は、この点で原曲一番の歌詞と完全に重なっている。また、唱歌歌詞二番の「たまをけがしてはならない」というのは、原曲歌詞三番から五番までの要約に近い。「神」という言葉が示す対象は、それぞれキリスト教と神道で違いが生じるが、それ以外において唱歌歌詞と原曲は、類似した教訓を内包している。

第七七《楽しわれ》

一　たのしわれ、まなびもおえ、日もくれぬ、あすもまた、朝とくより、学ばまし、かくて年月、たえせざらば、月の桂をも、われぞおるべき

二　うれしわれ、ふみよみはて、ひもくれぬ、あすもまた、朝とくより、勉めまし、かくてとし月、撓まざらば、竜のあぎとなる、玉もとるべし

Evening song

歌詞は、本章八二-八三ページに掲載。

唐澤の分類によると、この唱歌は「勉学・勤勉」を歌ったものである。原曲はメーソンの『国楽大系』中の《夕べの歌》であり、神が与えた時間の神秘をテーマとするキリスト教的な歌詞と言える。唱歌の歌詞では、原曲一番の「もし私が日々の仕事を正しく終え、そしてすべての職務を成し遂げたなら、太陽が沈んで夜の闇の濃くなる頃には、幸せが私に与えられる」という部分が、また二番における「時間を無駄にしてはならない」という教訓が使用され、勤労と勤勉の徳目をテーマとした歌になっている。唱歌におけるそれぞれの連の締め括りに見られる「月桂を折る」、「竜玉をとる」という表現は、勤労と勤勉に励んで日々を送っていれば困難なことも達成できるということの暗喩であろう。

第八〇《千草の花》

一　千草の花は、露をそめ、野中の水は、月やどる、そまらぬいろと、空のかげ、はかなきものか、よの中は

二　錦をよそう、萩の花、もみじをさそう、夜はの霜、夢野のあとと、消ゆかば、木枯ばかり、あれぬべし

三　はかなきものを、誰めでん、きえゆくものを、だれとわん、跡あるものは、筆の花、かおりをのこせ、後のよに

Autumn Song[37]

1　Soon from the bough descending, The last red leaf shall fall ; The birds their songs are ending, The world is silent all. Ah! whither are they vanished, Whose blithe songs were our delight ? The hoarfrost all hath banished, Far o'er the mountain hight.

2　O'er desert fields and meadows, In sadness now we stray ; Now sooner come night's shadows, And shorter grows the day. The birds are elsewhere seeking, For the sunny smile of Spring ; Oh, what a merry-making, Its charms to them will bring.

3 What though from bough descending, Now falls the last red leaf, And birds their songs are ending, As though opp rest with grief ? Oh, banish all your mourning, Nor so tremblingly despair ; We soon shall see returning, The lovely Spring so fair.

《秋の歌》

1 垂れ下がった大枝から、すぐに最後の赤い葉が落ちるだろう。鳥たちは歌うのをやめ、世界はすべてが静かになる。ああ、彼らはどこに消えたのか、彼らの陽気な歌声は、我々の喜びだった。霜は遠く遠くの山の上まで、すべてを覆い隠す。

2 見捨てられた野原と草原をこえ、我々は悲しみのうちにさ迷う。やがて夜の帳が訪れ、日はますます短くなる。鳥はさ迷い求める、日の笑う、春の土地を。ああ、何と素敵な創造物、それは彼らを魅了する。

3 しかし垂れ下がった大枝からは何と今や最後の赤い葉が散る。そして鳥たちは歌うのをやめる、まるで悲しみに暮れているように。ああ、お前の悲しみはすべて消し去るのだ、絶望に震えるな。我々はすぐまた相見える、美しく愛らしい春と。

唐澤は、この唱歌を「勉学・勤勉」の項目に分類している。唱歌三番の「跡あるものは、筆の花、かおりをのこせ、後のよに」という歌詞は、世の美しきものはいずれもはかないものであるから、それより勉学に励み、「筆の華」、すなわち歌文の類を残せという教育的なものである。原曲は、やはりメーソンの『国楽大系』より《秋の歌》

であるが、こちらは純粋に自然を歌ったものであり、教訓的な部分は存在しない。秋になって自然が枯れはててしまうという原詩のイメージを、唱歌では「はかなきものか、よの中は」と表現し、「智」の徳目に基づく教育的な部分を、音楽取調掛が後付けしたと推測できる。唱歌の歌詞も「千草の花」や「もみじ」などの季語から秋を歌っていることがわかり、その点でも一致する。

第八六《花月》

一　花を見る時は、こころいとたのし、心たのしきは、花のめぐみなり
二　月をみる時は、心しずかなり、こころ静けきは、月の恵なり
三　よきをみて移り、悪をみてさけよ、朱に交われば、あかくなるという

REST[38]

1　Asleep in Jesus! Blessed sleep! From which none ever wakes to weep; A calm and undisturb'd repose, Unbroken by the last of foes.
2　Asleep in Jesus! Oh, how sweet To be for such a slumber meet; With holy confidence to sing, That death hath lost its painful sting!
3　Asleep in Jesus! Peaceful rest! Whose waking is supremely blest; No fear, no woe, shall dim that hour, That manifests the Savior's power.
4　Asleep in Jesus! Oh, for me, May such a blissful refuge be! Securely shall my ashes lie, Waiting the summons from on high.

5　Asleep in Jesus! Far from thee, Thy kindred and their graves may be; But there is still a blessed sleep, From which none ever wakes to weep.

《休息》

1　主の御許で眠れ、祝福された眠り。そこより泣きながら起きる者はいない、静かな、乱れなき休息。それを壊す敵はいない。

2　主の御許で眠れ、ああ、なんという甘さ、このような眠りと出会って。聖なる信頼とともに歌う、苦痛は去ってしまったことを。

3　主の御許で眠れ、平和な休息、それは最高に祝福された眠り。苦痛も恐れもない、おぼろげな時間、それは救世主の力により在る。

4　主の御許で眠れ、ああ、私にとって、この上なく幸福な保護であるだろう。私の横たわった亡骸は守られ、天からの召喚を待つ。

5　主の御許で眠れ、そなたから、そなたの一族と彼らの墓所が遠く離れていても。しかしそこには祝福された眠りがある。泣きながら起きている者はいない。

唐澤の分類によると、この唱歌は「人倫・人生」を歌ったものである。原曲はキリスト教に基づく「死」をテーマとしたものであり、やはり人生の教訓となるものであるが、花月の美を歌う唱歌とは一見、関連性がないように思える。しかし、「心たのしきは、花のめぐみなり」、「こころ静けきは、月の恵なり」という歌詞は、原詩の「苦痛も恐れもない、おぼろげな時間、それは救世主の力により在る」という部分と通ずるものがあり、音楽取調掛が原曲からキリスト教的内容を除いて、「恵（恩）」を中心とした儒教的内容のこの唱歌を作り上げたと推察できる。また、「朱に交われば、あかくなる」は故事の教訓である。

第八九《花鳥》

一　山ぎわしらみて、雀はなきぬ、はやとくおきいで、書よめわが子、ふみよめ吾子、書よむひまには、花鳥めでよ

二　書よむひまには、花とりめでよ、鳥なき花さき、たのしみつきず、たのしみつきず、天地ひらけし、はじめもかくぞ

The Wild Rose[39]

1　Once I saw a sweet-briar rose, All so freshly blooming, Bath'd with dew and blushing fair, Gently wav'd by balmy air, All the air perfuming; Gently wav'd by balmy air, All the air perfuming.

2　"Rose," said I, "thou shalt be mine ! All so freshly blooming ;" Rose replied, "Nay, let me go, Or thy blood shall freely flow, For thy rash presuming, Or thy blood shall freely flow, For thy rash presuming."

《野薔薇》

1　かつて私は可愛い野薔薇を見た。すべてが生き生きと咲いている。露に濡れ、魅力的に赤らんでいる。爽やかな風によって、上品に揺れる。あたり一面が香っている。爽やかな風によって、上品に揺れる。あたり一面が香っている。

2　「薔薇よ」私は言った。「お前は私のものになれ、すべてが新鮮に咲いている」薔薇は返す「嫌、私を行かせて。そうでなければあなたの血が流れることになるわ、あなたの軽はずみな思い込みのために、そうでなければあなたの血が流れることになるわ。あなたの軽はずみな思い込みのために」

唐澤が「勉学、勤勉」に分類しているこの唱歌は、ゲーテ（Goethe）作詞、ヴェルナー（Werner）作曲の有名なドイツ・リート《野薔薇 *Heidenröslein*》をおおもとの原曲としているが、『国楽大系』に掲載されたその英語版 *The Wild Rose* が直接の出典であり、ヘ長調の調性と三声部の編曲、二連仕立ての歌詞が一致する。原曲の野薔薇は、処女を奪われる乙女の暗喩である。唱歌の「花鳥」というのは、「日本の美しい自然」の比喩であり、美しい自然を愛でるというのは原曲の歌詞内容とも通じる。また、唱歌には「早く起きて、書を読め」という「智」の徳目と、「天地が開けたときからこれまで何ら変わりない」という世界の普遍性を示す内容が存在するが、原曲歌詞からそれは読み取れず、音楽取調掛の後付けだと推察できる。

第九一《招魂祭》

一　ここに奠る、君が霊、蘭はくだけて、香に匂い、骨は朽ちて、名をぞ残す、机代物、うけよ君

二　此所にまつる、戦死の人、骨を砕くも、君が為、国のまもり、世々の鑑、ひかりたえせじ、そのひかり

Soldiers[40]

1　Come to the sacred spot, Where rest our honored dead ; Let all their richest off'rings bring, And decorate their bed. Come, ye bereaved and sad ; Widows of soldiers brave, Your little orphan'd children bring, To bless their father's grave.

2 Fathers and mothers come, Bowed down by age and care ; Here rest your noble. honored sons, Objects of love and care. Brothers and sisters come ; Your brother's love demands, The richest off'rings you can bring, Off'rings of hearts and hands.

3 Come, soldiers, gather round, Your comrades sleeping here ; They fell beneath the iron hail, While you were standing near. Our nation's God protect, Our nation's wealth adorn, And beautify this hallowed spot, 'Till Resurrection morn.

《兵士たち》

1 神聖な場所に来よ、そこでは我々の名誉ある死者たちが眠っている。彼らの最も価値あるものを皆に捧げ、そして彼らのベッドを飾るがよい。来よ、残され、悲しんでいる者たち。兵士の寡婦は勇敢で、残された小さな子供たちは、彼らの父の墓で祈る。

2 父と母が訪れ、頭を垂れる。そこには彼らの誇り高き息子が眠る。愛と癒しを得る。兄弟、姉妹たちが訪れる。兄弟は、愛を求める。あなたは最も豊かなものを捧げられる。心と手を。

3 さまよえる兵士たちよ、ここに集え。お前の仲間はここで眠っている。彼らは鉄の雹に陥落した。お前の横にいる時に。我々の国の神は守り、我々の国は光彩を添え。そしてこの神聖な場所を、目覚めの朝まで飾って下さるように。

原曲が三連なのに対し、唱歌は二連である。どちらも戦死者を悼む歌詞内容であり、唱歌の方は唐澤によって

「忠君愛国」の項目に分類されている。原詩の方は、Godという単語の含まれているキリスト教的な歌詞内容であるが、唱歌では、それを「君が為」、すなわち「忠」の思想に置き換えている。ちなみに、音楽取調掛がこの唱歌を作る際に原曲の歌詞内容へ後付けしたテーマである「招魂祭」が初めて行われたのは一八六二年であり（この時は、有志によって殉難志士が祭られた）、その七年後、「招魂祭」を行う目的で招魂社、すなわち現在の靖国神社が設立された。「机代物」とは神道の儀式に使われる供え物のことであり、これを「うける」というのは、死者の魂が神道の神になったということが表されている。

節のまとめ

以上、本節では「君が代を祝うもの、忠君愛国的なもの」と「教訓的なもの」に分類される「翻訳唱歌」歌詞について一二曲の比較分析を行った。基本的に原曲の歌詞はキリスト教に基づいた内容のものが多く、《ねむれよ子》や《楽しわれ》のように、それをいかに除去するか、もしくは《招魂祭》や《栄行く御代》のように、いかに「忠君」や天皇を賛える内容に改変するかということが、この項目における歌詞の改変の眼目であるように思われる。「招魂祭」のテーマは明らかに音楽取調掛の後付けであり、この儀式を定着させたかった明治政府の意図の現れではなかろうか。また、《あおげば尊し》は、唱歌の中でも一、二を争う有名曲であるが、原曲歌詞になかった「恩」の要素を後付けしているという意味では、まさしく「儒教主義復活時代」をあらわしている。

第4節 「翻訳唱歌」の分析――自然――

節の導入

本節では「日本の美」と「季語」の二つをキーワードとして、『小学唱歌集』が国民間の文化的共通認識の向上にどう関わっていたかということを論じる。唐澤の分析においては『小学唱歌集』全九一曲のうち三四曲が「自然」に関する歌詞内容とされているが、そのような歌詞内容の唱歌は種々の研究において国民形成と一線を画するような評価を受けている。[41] しかしこれは正しい評価だろうか。

唐澤は『小学唱歌集』編纂当時の状況について、「教科書が強力な影響を与えるように進められ、政府の教育意図がより明確に出るようになった」[42]と分析しており、このことに鑑みれば、「自然」に関する三四曲も、当然、国民形成の意図の下にあったと推測できる。例えば比較文化学者である西川長夫の国民国家に関する研究においては、[43]「国民国家を擬制的共同体として国民に受け入れさせるためには、それを受け入れる側の文化的な共通認識の前提が必要である」とされる。この視点に立つならば、「自然」をテーマとした唱歌は、「歌」という装置を利用することによって、国民間の文化的な共通認識を高め、学校教育における国民形成に一役買ったと言えるのではなかろうか。

「日本の美」と自然

一九六八年、川端康成はストックホルムにおけるノーベル文学賞受賞講演の場で、「美しい日本の私」と題し、自分の作品が「四季の美を歌ひながら、実は強く禅に通じた[44]」ものであると語った。また川端は、「日本美術の特質は、雪月花の時、最も友を思ふという詩語に約められる」という美術史家の矢代幸雄による言説を引用し、「雪月花という四季の移りの折り折りの美を現はす言葉は、日本においては山川草木、森羅万象、自然のすべて、そして人間感情をも含めての、美を現はす言葉」であるとして、「日本の美」と自然との密接な結びつきを指摘している[45]。

この「四季の美」と「雪月花」というキーワードに関しては[46]、『小学唱歌集』における「自然」をテーマとした唱歌とも密接な関わりを持つ。この他にも「日本の美」と自然との結びつきに関しては多くの人物が指摘を行っている。例えば矢代は『日本美術の特質』の中で、日本美術の特徴を「印象性」、「装飾性」、「象徴性」、「感傷性」の四つに分類しており、その前提として日本国土の自然的環境による影響について詳しく述べ、この自然条件との関連を常に考慮しながら日本美の特質を論じている[47]。同じく日本美の特質を研究していたドイツ文学者の鼓常良は、『日本芸術様式の研究』において、「日本の美術は自然愛の芸術である」とし、「自然愛は日本の国民性の著しい特徴であり自然そのものに生活圏を融合させている」と述べている[48]。

また、近代における「日本の美」の発見という点で、文部官僚として音楽取調掛に籍を置いていたこともある美術史家の岡倉天心は、『東洋の理想』や『日本の目覚め』などの大きな功績を残している。「アジアは一つである」という有名な出だしを持つ『東洋の理想』は、東洋の精神性を明らかにすることによって日本の芸術を説いており、岡倉はこの著の中で、「波打つ稲田の水、個性へ導き易い群島の多彩な輪廓、その柔らかな色合の季節の不断の変化〔中略〕これらすべてのものから、日本の芸術の精神をあのやうに和らげてゐるところの、あの柔和な単純さや、あの浪漫的な純粋さが生まれた。そしてこれが、日本の芸術を、支那芸術の単調な幅への偏向や、印度芸術の過度の豊富さへの傾向から、一挙に区別[49]」するものであるとしている。

このような自然に対する国民性は、日本人の心理に定着したものであると考えられ、歴史社会学者の池上英子は『美と礼節の絆』において、「われわれのこの国に対するイメージ自体も、上手に定型化した、言ってみれば詩的な国土のイメージに深く影響されている。〔中略〕われわれの持つ自然観、国土観はさまざまに深く人工的に分節化されていて、われわれは季節の変わり目ごと、あるいは観光地で、この紋切り型のイメージに合致する風景と出会うとなにかほっとし、かすかな詩興を感じるものだ[50]」と論じ、日本の自然が日本人の精神の中で、型にはまったイメージと化していることを指摘する。

さらに池上は同書で、日本における「美のパブリック圏」、すなわち「日本の美」という概念が、江戸時代を通じて全国的に拡大したことを論じる。同書によれば江戸時代、市場の広がりとともに都市において消費文化が盛んになり、識字率の高さを背景としてさまざまな出版産業が興った。そして、俳諧や貸本、ファッションなどで美を愛でる集まりが民を「横」につないだということだが、身分制や分割統治などの「縦」割型幕藩体制が全国を支配しており、それはプライベートな領域における「弱い紐帯」としてのみ容認された。

しかしいずれにせよ、この「ネットワーク革命」によって、民の間に共通した美意識や礼節が育まれたのである。「日本はたしかに、歴史的過程で日本文化の連続性を重視し、同時に近代的なネイションを発展させ」たというアントニー・D・スミスの言説に基づいた言い方をするならば、「日本の美」の基礎は既に江戸時代に存在しており、明治政府はそれを利用して「日本の美」を唱歌に組み込み、国民に浸透させたと言えよう。

『小学唱歌集』における「自然」

ここまでの議論に基づいて、以下より『小学唱歌集』における「自然」を歌った唱歌の分析を行っていくが、その前に、歌詞テーマの分析を併せて記述した「『小学唱歌集』自然に関する唱歌」の一覧表を記載しておく。

番号，曲名	歌詞テーマ	番号，曲名	歌詞テーマ
1　かをれ	春夏秋冬	35　霞か雲か	春の情景
2　春山	春秋	37　霞める空	春秋
3　あがれ	鳥，魚（春夏）	38　燕	鳥（春夏）
6　和歌の浦	鳥（万葉集の引用）	39　鏡なす	雪月花
7　春は花見	春秋	40　岩もる水	月
8　鶯	春秋	41　岸の桜	春秋
10　春風	春秋	49　みてらの鐘の音	月（秋冬）
11　桜紅葉	春秋	54　雲	雲
12　花さく春	春秋	55　寧楽の都	春秋
13　見わたせば	春秋	60　秋の夕暮	秋の情景
14　松の木陰	春秋	62　秋草	秋の情景
15　春のやよひ	春夏秋冬	64　園生の梅	花（春の情景）
19　閨の板戸	春の情景	66　四季の月	春夏秋冬
21　若紫	春の情景	72　小舟	花
26　隅田川	雪月花	75　春の野	春の情景
28　おぼろ	春秋	78　菊	花（秋）
34　鳥の声	春秋	83　さけ花よ	春の情景

歌詞テーマの分析は筆者によるものであり、直接的な春夏秋冬の言葉が含まれているものや連ごとに季語が含まれているものを、「季節」をテーマにした歌詞に分類している。[51] 季節を感じさせない唱歌はほとんどなく、「日本の自然」イコール「季節」という定式化が見てとれる。

また、「春秋」と「春夏秋冬」のように、季節の移り変わりをテーマにしたものが全体の半数以上を占めるが、これらを例えばメーソンの『国楽大系』における楽曲歌詞内容と比べてみると、『国楽大系』では春や夏など季節の一つをテーマとした歌詞はいくつかの曲で見られるものの、連ごとに季節を変え、季節の移り変わりを表現しているものはおよそ見られない。『徒然草』の第一九段では「折節のうつりかはるこそ、ものごとにあはれなれ（季節の移り変わりこそ誠に美しいものである）」と論じられるが、ここに『小学唱歌集』歌詞の特徴が見出せる。そのような曲の歌詞には必ずと言って良いほど桜や月、雪などの典型的な季語が含まれており、このような楽曲は四季を定型イメージ化し、「日本の自然」に関する共通認識を国民に浸透させる役割を果たしたと考えられる。

俳人の宮坂静生による研究書『季語の誕生』によれば、雪月花のような主要な題目は平安後期までに成立していたということであり、宮坂はこれを「当時の貴族が想定した共通の規範に基づく共同幻想[52]」であると表現している。江戸時代に俳諧が成立し、身分を越えて人々がそれに興じるようになると、身近な生活の素材などからも季語が集められ、その数は著しく増大していった。事実また、一六三六年に纏められた野々口立圃による最古の季題集『はなひ草』には五九〇語、一六四八年の北村季吟による『山の井』には一、三〇〇語、一八〇三年の曲亭馬琴による『俳諧歳時記』には二、六〇〇語の季語が集められている。

平安時代の貴族から始まった共同幻想が、時代を経るごとに一般の国民層にまで広がり、明治の近代化によって国民全体の共同幻想になった、もしくは共同幻想に用いられたと言うことができるだろう。

歌詞の比較分析

以下、ここまでの議論を踏まえて「自然」を歌った「翻訳唱歌」の歌詞分析を行う。唱歌歌詞、原曲歌詞、原曲訳詞、考察の順で記載する。

第一《かをれ》

一　かをれ、におえ、そのうのさくら

二　とまれ、やどれ、ちぐさのほたる
三　まねけ、なびけ、野はらのすすき
四　なけよ、たてよ、かわせのちどり

Lovely May, lovely May, drives chilling wind away.[53]

《曲名なし》

愛らしい五月よ、愛らしい五月よ、肌寒い風を遠くにやってくれ。

原曲は『国楽大系』に掲載されている音階の練習曲である。原曲歌詞は一連のみで、春をテーマにしたものだが、唱歌では同じ旋律を四回繰り返し、それぞれの連に春夏秋冬の季語を一つずつ組み込んでいる。

第三五《霞か雲か》

一　かすみか雲か、はたゆきか、とばかりにおう、その花ざかり、ももとりさえも、うたうなり
二　かすみははなを、へだつれど、隔てぬ友と、きてみるばかり、うれしきことは、世にもなし
三　かすみてそれと、みえねども、なく鶯に、さそわれつつも、いつしか来ぬる、はなのかげ

Spring Song[54]

1　All the birds are come again, Come again to meet us! And a joyous song they raise, Chirp ring, trilling merry lays : Pleasant Spring-time's happy days Now return to greet us.

2 See how gaily one and all, To and fro are springing ! As their chanting meets mine ear, Voices sweet I seem to hear, Wishing thee a happy year, Blessings with it bringing.

3 What they teach us in their song, We must e'er be learning ; Let us ever cheerful be, As the birds upon the tree, Welcoming so joyously, Ev'ry Spring returning.

《春の歌》

1 すべての鳥たちが再び来る、私たちに再び会いに来る！　そして彼らは喜びの歌を張り上げ、囀り、声をふるわせて歌う。愛しき春の幸福な日々、今こそ私たちに会いに戻る。

2 皆なんと陽気なことか、あちこち飛び回っている！　彼らの歌が私の耳に届き、私は甘い声を聴いたように思う。そなたの望む幸福な一年、祝福して届けよう。

3 彼らが歌で教えてくれることを、私たちは学んでいなければならぬ。木の上の鳥たちのように幸福でいること、喜んで迎えよう、すべての春の帰還を。

唱歌歌詞は音楽取調掛員の加部厳夫によるもので、唱歌、原曲共に春の季節を歌った内容である。原曲歌詞は「鳥」が情景の全てであるのに対し、唱歌においては「霞」と「花」という春の季語が追加され、「鳥」に関しても鶯という具体的な春の季語の鳥が登場することによって日本的な春のイメージになった。国語学者の金田一春彦は、唱歌の歌詞を「言い回しや語法がいずれも古風であり、平安期の和歌を思わせる」[55]と評している。

第三七《かすめる空》

一　かすめるそらに、雨ふれば、草木もともにうるおいぬ、わらえる花、におえる山、類なの、ながめかなや

二　山の端はれて、つき清く、ちさとのくまも、かくれなし、きらめく露、なくなるむし、たふいなの、秋の夜や

The Rain[56]

1　See, O'er yonder mountains moves the misty rain, Passing, from heav'n's fountains, Blessings on the plain; Now's the time for growing; Quickly, then, be sowing! Let the well-till'd field—Rich abundance yield.

2　Rich or poor, what matter? Each is here for good: good seeds let him scatter. In contented mood. For ye share together, Sunshine and wet weather, Heaven these blessing gives, To each one that lives.

《雨》

1　見よ、はるかあそこの山々に揺れる霧雨。天の泉から平地への祝福の受け渡し。今や育つとき、急ぎ種をまけ！　地面を良く耕し、豊かな恵みを産む。

2　豊かだろうが貧しかろうが、どうだというのだ？　どちらも善のためにここにある。善き種は、喜びのうちに彼に蒔かせる。晴れも曇りも汝らの共有のため。天は祝福をもって、生ける者に与える。

唱歌の歌詞は主に原曲一番の歌詞を当てはめたものと言える。原曲はキリスト教的な内容であるが、唱歌では宗教色を取り去り、原曲一番における「霧雨が降り緑が潤う」という情景を拡大している。唱歌二番の歌詞は秋を

テーマにしており、一番も「かすめる（霞める）」という季語から春がテーマだと判る。「春雨」と「秋晴れ」の対比であろう。『小学唱歌集』に、「春夏秋冬」ではなく「春秋」をテーマにした曲が多いのは、二連立ての歌詞が多いからだと推察される。

第三八《燕》

一　こよやこよや、こよつばくらめ、おやもひなも、ひねもすかたり、たのしみし、その巣をいでて、とおき国辺に、たちわかるとも、かえりこよや、わが宿に、かえりこよや、つばくらめ

二　来なけ来なけ、やまほととぎす、われもひとも、夜はよもすがら、いねもせず、深山をいでて、都のそらに、なけほととぎす、なのれなのれ、わがやどに、きなけきなけ、ほととぎす

Come, Come, Pretty Bird[57]

1　Come, come, pretty bird, and sing a song for me, I'll listen with pleasure, To your sweet melody. Come, come and begin, I'll learn your happy strain, And warble so sweetly, O'er hill and flowery plain, Sing for me, sing for me, Pretty, pretty bird.

2　Sing, sing, pretty bird, Your song I love to hear ; It trembles so sweetly, Upon the list'ning ear. Come, come and begin, Don't droop your pretty wing, But turn your eyes on me, And sweetly, sweetly sing, Sing for me, sing for me, Pretty, pretty bird.

《来い、来い、可愛い鳥よ》

1　来い、来い、可愛い鳥よ、そして私のために歌え、甘いメロディを、喜びとともに聴こう。来い、来て始めよ、私はお前の幸福な気質を学び、そして甘く歌おう、谷と花咲く平野を越えて、私のために歌え、私のために歌え、可愛い可愛い鳥よ。

2　歌え、歌え、可愛い鳥よ、お前の歌を私は愛して聴く。それは耳で甘くふるえる。来い、来て始めよ、お前の愛らしい翼をたらしてしまうな、私を見よ、そして甘く甘く歌え、私のために歌え、私のために歌え、可愛い可愛い鳥よ。

原曲も唱歌も二連の歌詞から成っている。原曲は単に愛らしい鳥を歌っただけのものだが、唱歌では春と夏の季語、つばめとほととぎすをそれぞれの連に当てはめ、春から夏への移り変わりを表している。「わがやどに来い」や「わがやどにきなけ」など、原曲歌詞と共通する部分も多く見られる。

第四九《みてらの鐘の音》

一　みてらの鐘のね、月よりおつる、ふみよむ燈火、かすかになりて、一二三四五六七八

二　月影かたぶき、霜さえわたり、ねよとの鐘のね、枕にひびく、一二三四五六七八

三　漁火しめりて、霜天にみち、姑蘇城外なる、鐘かもきこゆ、一二三四五六七八

Hark! The distant clock[58]

Hark! the distant clock reminds us, That another hour has fled, Night is come, the day is ended; So, good-night't is time for bed. One, two, three, four, five, six, sev'n, eight.

《聞け！　遠くの時計の音》

聞け！　遠くの時計が思い出させる、もう一つの時間は過ぎ去った、夜が来て、一日の終わった時間は。お休みを言い、ベッドに入る。一二三四五六七八。

原曲は四分の四拍子、ハ長調で、子守唄のように眠りを歌った素朴なものである。最後の数字を数える部分は、二分音符のドの音が連続して続き、恐らくボーンボーンという柱時計の音を表しているのではなかろうか。それに対し唱歌は、秋から冬にかけての乾いた空に寺の鐘の音が鳴り響く歌詞に翻案されている。興味深いことに、姑蘇城という中国の城が歌詞に読み込まれており、これは、唐代の詩人である張継の漢詩「楓橋夜泊」における次の情景、すなわち姑蘇城外にある寒山寺から夜半を告げる鐘の音が船まで聞こえてきたという情景に基づいているのであろう。数字を数える部分は原曲のままの歌詞であり、こちらは鐘の音を表している。

第七一《鷹狩》

一　しらふの鷹を、手にすえもち、馬にまたがり、いさめる君、すわや狩場に、ゆけゆけゆけ

二　雪は狩場に、ふれふれふれ、犬はかり場を、かれかれかれ、鳥ぞむれたつ、それそれそれ

The Hunters[59]

Hark! I hear the hunters' horn; Hollo! hollo! Hollo! Thro' the wood and thro' the field, The hunters swift doth go : Follow where the hounds are heard : Hollo ! hollo ! hollo !

《狩人たち》

聞け！　私には猟師たちの角笛が聞こえる。ほれほれほれ！　木を越え、大地をかけ、素早く行く、吠え声の聞こえる所へ。ほれほれほれ！

この曲は唐澤によって「自然、生活・行事に関するもの」のうち「生活・行事」の項目に分類されているものであるが、歌詞の内容を考えて、他の「自然」に関する唱歌と共に本節で分析を行う。原曲は一連の歌詞であるのに対し、唱歌歌詞はその内容を膨らませて二連仕立てにしている。原詩は勇ましい狩人たちの猟の様子を歌ったものであるが、唱歌は「狩り」というキーワードで原曲と結びついてはいるものの、「鷹狩り」という、より日本的な行事に置き換えられている。「鷹」と「雪」は冬の季語である。歌詞そのものは、*Hollo ! hollo ! hollo !* と「それそれそれ」など、原詩と唱歌歌詞で共通する部分が多い。江戸時代、大名たちが特権的に行っていた「鷹狩り」は明治維新後に自由化され、国民文化の伝統という新たな意味が与えられた。それを歌詞に組み込んだという点で、この唱歌は日本における共通文化の形成を意図したものと見なせるであろう。

第七五《春の野》

一　いつしか雪も、きえにけり、梅さく野辺に、いざゆかん

二　みどりに草も、もえぬれば、わかなつむ子も、うちむれて

三　柳のいとも、なびくなり、こころをのべに、あそばまし

Arrival of Spring[60]

1 The Spring, the merry Spring is come ; Who would her beauties see, Oh, let him quickly forth to roam, The meadow flow'rs to see!

2 Concealed amid the forest deep, All winter hath she lain ; A bird hath roused her from her sleep, And now she's here again.

3 The spring returns again to cheer, With joy and merry song ; Where'er her beauteous charms appear, Delights around her throng.

4 Then forth into the meadows green, And let us freely roam ; When first the coming Spring is seem, Oh, who would stay at home?

《春の訪れ》

1 春、気持ちの良い春が訪れた。彼女の美しさを見たいものは、早く外を歩き回ろう、草地の花々を見るためにも！

2 それは深い森の奥に隠れた。彼女が横たわる、すべての冬は。鳥が彼女を目覚めさせる。そして今、彼女は再びここに。

3 陽気な春が再びやってきた、喜びと、快活な歌とともに。彼女の美しさは一面を魅了し、喜びをもたらす。

4 そして緑の牧草地へ現れ、我々を自由に歩き回らせる。春が最初に到来したとき、誰が家などに留まるだろうか。

原曲が四連なのに対し、唱歌は三連に減らされている。原曲ではspringという単語を大文字で始め、人間の女性になぞらえる擬人化の手法をとっている。それに対して唱歌の歌詞は一見したところ「春」というテーマを参考にしただけのものであり、原詩に比べると単純な歌詞内容に見える。しかしそれぞれの連に「梅」、「若菜」、「柳」という季語が付け加えられており、まさしく『小学唱歌集』における「自然」の翻案と言えよう。

第七八《菊》

一　庭の千草も、むしのねも、かれてさびしく、なりにけり、ああしらぎく、嗚呼白菊、ひとりおくれて、さきにけり

二　露にたわむや、菊の花、しもにおごるや、きくの花、あああわれあわれ、ああ白菊、人のみさおも、かくてこそ

The Last Rose of Summer[61]

1　Tis the last rose of summer, Left blooming alone ; All her lovely companions are faded and gone ; No flower of her kindred, No rosebud is nigh, To reflect back her blushes, Or give sigh for sigh.

2　I'll not leave thee, thou lone one ! To pine on the stem ; Since the lovely are sleeping, Go, sleep thou with them. Thus kindly I scatter, Thy leaves o'er the bed, Where thy mates of the garden, Lie scentless and dead.

3　So soon may I follow, When friendships decay, And from Love's shining circle, The gems drop away. When true hearts lie withered, And fond ones are flown, Oh ! Who would inhabit, This bleak world alone?

《夏の最後の薔薇》

1　夏の最後の薔薇が、孤独に咲いている。愛らしき彼女の仲間たちはすべて、枯れて散ってしまった。仲間の花はおろか、もはやツボミさえない。彼女の美しかった頃を思い起こし、ただ嘆くのみ。

2　私はお前を一人にはしない、茎にくっつき悲しんでいるお前を。愛らしい仲間は眠っている、お前も仲間とともに眠れ。私はそれを振りかける、お前の花びらをベッドへ。庭の仲間たちが、香りも失せて眠る床に。

3　私もすぐ後を追う、友が皆いなくなったとき、愛の光り輝く輪を離れて、宝石が消え失せてしまったら！真心が枯れはてたとき、愛する者が消失してしまったなら、おお、だれが存在できよう、この孤独な壊れた世界に？

原曲の《夏の最後の薔薇》は有名なアイルランド民謡である。原曲が三連の歌詞なのに対し、唱歌では二連に減らされている。金田一によれば、原曲は「秋風の立ち始めた庭で、一輪だけ咲き残った薔薇への愛情を歌ったものであるが、この作詞者は当時の日本人の好みに合わせて、初冬の残菊の毅然として霜にもめげず咲いている姿を歌う歌[62]」に変えたとされる。ちなみに菊の季語は秋である。薔薇も、当時の歳時記ですでに夏の季語に選定されていたので『小学唱歌集』のテーマにしてもよかったはずだが、やはり菊が日本人好みということが大きかったのであろう。この唱歌の最後は、厳しい寒さに耐える菊になぞらえた「人のみさおも、かくてこそ」という教訓的な歌詞で締めくくられている。

第八三《さけ花よ》

歌詞は、本章六八ページに掲載。

Delights of Spring
歌詞は、本章六八-六九ページに掲載。

原曲も唱歌も五連の歌詞から成っている。それぞれ第一連が「花」、第二連が「春風」、第四連が「鳥」について歌っており、「春」というテーマも一致している。唱歌は唐澤によって「自然」を歌った歌詞に分類されており、日本語への翻案としては、やはり季語が加えられていることが大きい。「桜」、「蛙」、「鶯」はすべて春の季語である。

節のまとめ

以上、本節では九曲の唱歌歌詞を比較分析した。どの楽曲の歌詞にも翻案の際に季語が後付けされていることがわかる。本章で扱っていない、残りの季節を歌った唱歌についても、季語を組み込む形で原曲から翻案されているものが多い。特に《燕》や《霞める空》などは、もともと季節の関係なかった原曲を翻案し、無理やり季節の情景を作り出していると見なすことができる。

違う季節の歌詞を同じ旋律で歌うということは音楽的に無理があり、『小学唱歌集』に関しては楽曲への批判も多く存在している[63]。しかし、編纂の意図ということから考えると、『小学唱歌集』における「自然」を歌った唱歌楽曲は、季語を基にした「日本の美」のイメージを創出し、国民間の文化的共通認識を高める役割を担っていたと言えよう。

章のまとめ

本章では「『小学唱歌集』——歌詞分析を中心に——」と題し、日本最初の官製唱歌教科書である『小学唱歌集』について、比較を主な方法としていくつかの視点で分析を行った。

第1節では、章を通じて参考とする唐澤の歌詞内容分類表について、唱歌歌詞同士の比較も交えながら、その分類基準を考察した。

第2節では、その唐澤の分類表に準じる形でメーソン編『国楽大系』の歌詞分類表を作成し、それと小学唱歌集の歌詞分類の比較を中心として、それぞれの教科書の構成に関する比較分析を行った。わかりやすい「自然」や「情景」を歌った歌詞から、難しい「教訓的な」歌詞に発展していくなど、ペスタロッチ主義に基づいているという二つの教科書の共通点、もしくは、その目的が「音楽的能力の獲得」なのか「西洋音声」の獲得なのかということなど、『国楽大系』と『小学唱歌集』それぞれの特色を見出すことができた。

第3節では、「儒教」に基づく部分が大きい「君が代を祝う、忠君愛国的な」唱歌と「教訓的な」唱歌の歌詞について、実際に原曲の歌詞と比較分析を行った。結果として、原曲はキリスト教的な内容を有するものが多く、それを①除去して儒教的な要素を後付けする、もしくは②賛美歌的な内容を天皇への賛美に改変するという、大きく分けて二つの「翻訳唱歌」作成パターンを導き出すことができた。

第4節では、まず「日本の美」と「自然」とのつながりを論じた上で、「自然」を歌った唱歌についての分析を行った。『小学唱歌集』歌詞における「季語」についての指摘は、これまでの唱歌研究において行われていなかったことである。この新説に基づいて「自然」に関する「翻訳唱歌」の分析を行った結果、多くの歌詞において、季語を後付けした翻案が行われていると判明した。

『小学唱歌集』の歌詞については、《みてらの鐘の音》や《あおげば尊し》などに漢詩や故事が引用されており、他にも例えば第56曲《才女》に清少納言の逸話が組み込まれているなど、古典に基づいた楽曲歌詞も多く存在しており、作詞を担当した音楽取調掛員たちの高い教養をうかがうことができる。また《鷹狩》や《招魂祭》は、明治以降に一般化された文化や儀式をテーマとしているが、これらの歌詞内容は明らかに音楽取調掛による後付けであり、文部省が国民の共通文化になり得るこれらの行事や儀式を定着させたかったということだろう。

第4章　民間製唱歌集における西洋文化の受容と改変

章の導入

本章においては、前章で扱った『小学唱歌集』の影響を受けて編纂された四組の重要な民間製唱歌集について、『小学唱歌集』以降の唱歌教育がどのように発展したのかということを示すために、歌詞内容の分析を中心として考察を行う。重要な四組の民間製唱歌集とはすなわち『明治唱歌』、『小学唱歌』、『教科適用　幼年唱歌』、『教科統合　少年唱歌』である[1]。

第1節では『明治唱歌』を取りあげ、その編纂者である大和田建樹の作詞法について論じる。

第2節では伊澤修二が編纂した『小学唱歌』を取りあげ、そこに内包されたジェンダー要素について分析を行う。

第3節では田村虎藏が編纂した『幼年唱歌』と『少年唱歌』について、「教科統合」という教育手法を中心に考察を行う。

各節において異なる教科書を扱うため節同士の関連性は薄いが、本章で重要なのはそれぞれの民間製唱歌集においてどのような西洋文化が受容され、それがどのような形で唱歌になったのかということである。その違いがそれぞれの唱歌集における特色となり、ひいては明治期における唱歌教育の発展に結びついた。

『小学唱歌集』は一八八四年の時点で全三編が刊行され、同年以降、実際に各地の小学校で使用が開始されるが、一八八六年、前年に初代文部大臣となった森有礼が「第一次小学校令」を公布し、それまでの欧化主義の反動とも言える国家主義の勃興の下、教科書検定制度が始まる。一八八六年に「教科用図書検定条例」が定められたが、翌年に廃止され、改めて「教科用図書検定規則」が公布された[2]。

これは地方長官の裁量に任せていたそれまでの認可制とは違って、文部省が教科書の基準を定めるものである。ただし、実際の教科書は必ずしも統一されたものではなかったようだ。例えば「天皇の御歴代の数が、当時は大きな問題だったが、検定教科書時代には統一されておらず、明治天皇を一二一代とする教科書もあれば、一二二代とする教科書も」あり、一八九〇年代半ばには、衆議院と貴族院の両方でこの制度を批判する質問書、建議が出されている。[3]

また、この時期の学校教育において最も重要なことは、「教育勅語」が公布されたことである。これはそもそも一八九〇年一〇月三〇日、宮中において、明治天皇が山縣有朋内閣総理大臣と芳川顕正文部大臣に対して与えた勅語であり、翌日付の官報などで公表された。その内容は、三段落仕立てであり、国民大衆が暗記暗誦しやすい三一五文字の構成で、「特定の宗教に偏っていると批判されないような日本的内容[4]」になっている。

第一段落では「徳ヲ樹ツルコト深厚ナリ」とあるように、神勅を受けた天皇が日本国を誕生させ、その徳を深く厚く恵み与えることで臣民を慈しみ国家を導いてきたことが記述されている。第二段落は臣民が実践すべき道徳内容について記述されており、「父母ニ孝」を行うことや、「夫婦相和シ朋友相信」じること、「学ヲ修メ」て「国憲ヲ重」んじることなどが語られ、そして第三段落に至って、その道徳の普遍性と正当性が論じられる。

文部省の教科書検定基準も、「教育勅語」公布以降は、そこで論じられている内容が中心となった。この時期の学校教育は基本的に、一八八六年から一九〇〇年までが三～四年間（尋常小学校卒業まで）、一九〇〇年から一九〇七年までが四年間（尋常小学校卒業まで）の義務教育と規定されている。

このような背景を踏まえて、以下の本章においては「検定教科書時代」における四組の民間製唱歌集について考察を行う。日本の唱歌教材については、「官製の文部省唱歌がまず発表されると、それをまねした民間唱歌が発行される[5]」のが通例であった。『小学唱歌集』が一八八一年から一八八四年にかけて刊行され、一八八六年より教科書検定制度が始まったことで、唱歌教育においても一八八八年頃より検定を受けた民間の教科書が出版されるようになる。そこに見られる「翻訳唱歌」、もしくは「西洋文化の受容と改変」を中心として本章の考察を行っていく。

第1節　大和田建樹の『明治唱歌』における「高尚の域」

節の導入

民間製唱歌集の最初期のものとして、東京高等師範学校教授、国文学者で《鉄道唱歌》の作詞者、もしくは「新体詩」の普及者として知られる大和田建樹編纂の『明治唱歌』全六集が存在する。これは大和田が一八八八年から一八九二年にかけて宮内省雅楽局の奥好義と共に編纂したものであり、ほとんどの歌詞が大和田の手によるものである。

この中にはスコットランド民謡《ライ麦畑を通って *Comin' Thro' the Rye*》の旋律を用いた《故郷の空》など、現在でもよく知られる楽曲が存在する。全一六九曲中一一四曲が西洋曲の旋律を基にしたものであり、ジルヒャー（Silcher）の《ローレライ *Loreley*》、モーツァルト（Mozart）の《春への憧れ *Sehnsucht nach dem Frühling*》、ベートーヴェン（Beethoven）の《マルモッテ *Marmotte*》、ヴェルディ（Verdi）のオペラ『リゴレット *Rigoletto*』より《女心の歌》など、現代日本でよく知られているクラシック音楽の楽曲が多く原曲に含まれている。

『明治唱歌』は「此書は学校と家庭とを問はず、世の唱歌を誘導して、高尚の域にすすめんとのぞむ熱心より、不完全の誹をうけんもかへりみず、稿を起したるなり」という前書きからも分かるように、必ずしも小学校向けの教科書ではない。しかし第一集の最初にはルーサー・ホワイティング・メーソンの肖像画とメーソンへの謝辞が掲載されており、また序文に「第一集には、なるたけ簡単にて独習にやすきものよりはじめ、二集三集と順序をおひて、高等のものにおよぼさんとす[6]」というペスタロッチ主義における段階的学習の考えが記されていることからも、『明治唱歌』は『小学唱歌集』を模したものであるとわかる。

また楽曲の音楽面について、「四分の四拍子の占める割合が最も高く、ハ長調とヘ長調が全体を通して多く見られ、短音階より長音階が優先されている」など、『小学唱歌集』との共通点が指摘されることもあり[7]、その点でも『明治唱歌』は『小学唱歌集』を参考にして編纂されたものと認められる。

これは共編者の奥が音楽取調掛でメーソンに師事していたことから『小学唱歌集』の音楽的傾向が『明治唱歌』に受け継がれたものと推察される。また、『明治唱歌』は歌詞だけ見ると大和田の創作詩集に近く、芸術性の高いものが多い。

『明治唱歌』における「自然、情景」と「君が代、忠君愛国」

以下、本節においては『明治唱歌』の前書きにおける「世の唱歌を誘導して、高尚の域にすすめん」という言葉を手がかりとして、大和田が『明治唱歌』においてどのような作詞を行い「高尚の域」を実現させたのかということを考察する。唐澤富太郎の『小学唱歌集』歌詞分類基準を参考にして『明治唱歌』の歌詞を分析した結果、四分の一程度が「自然、情景」を歌ったものに分類できる。

例えば「なるたけ簡単にて独習にやすき」第一集では2、3、4、5、24、25、26の番号のものが「自然、情景」をテーマにしており、『明治唱歌』の作詞傾向を示すため、以下にいくつか歌詞を掲載する。

第一集、第二《春の歌》

一　歌へ歌へ春をむかへて。歌へ歌へ鳥とともに。いざや野も山も歌の声そへて、合はせその訓かへせこだま。空ものどか花もさかり。歌へ歌へ鳥よともよ。

二　あそべあそべ野辺の芝生に。あそべあそべ蝶とともに。袖にちる露もけさは心地よや。袖にふく風もけふはうれし。春よ友よこころゆたかに、われとあそべ歌へ。

第一集、第三《鳥の歌》

一　朝霧はれてさす日のかげ、むかへて親子そらに翔る。たのしさいつもかはらぬ声。歌へや遊べやなつかし鳥よ。

二　あるひは雲につばさをのべ、あるひは森にねぐらをとひ、こゝろのまゝに憂もなし。歌へや遊べやむれゆく鳥よ。

第一集、第四《春風》

一　草葉にふけやはるのかぜ、ひばりの夢をさますまで。菜種のうへをとぶてふの、つかれし羽ねに触れぬほど。

二　こずゑにふけやはるのかぜ、花のにほひをさそふまで。枝さしかはすあをやぎの糸のもつれを見せぬほど。

三　ああ愛らしのはるかぜよ、わが身をふきていつまでも、老せぬ空にまひあそべ。若き野山にゆたかよへ。

第一集、第二四《朝雲雀》

一　霞にあがれりあはれ朝雲雀。菫のねぐらを早くおきはなれ、むらさき深きそらに、そのうたかをりわたる。

二　雲井になのれりあはれ時鳥。深山の木の間をあとに立ちいでて、月かげきよきそらに、そのこゑひびきわたる。

三　門田におちたりあはれ天つ雁。かさなる海山とほく飛びこえて、うす霧かかるかたに、そのかげいまぞしづむ。

四　波間に操げりあはれ小夜千鳥。ねざめの枕をよそにとひすてて、潮風さむきはまにその友ゆききあそぶ。

最初の一二曲が音階の練習曲である『小学唱歌集』と違い、『明治唱歌』は全体的に美感を重視した教科書である。題名に「春」を含む第二曲と第四曲には、「蝶」、「ひばり」、「春風」などの季語が存在するが、季節の移り変わりは見られず、同じ傾向が全六集を通じて続く。すなわち前章第4節で論じた『小学唱歌集』に見られる「四季の定型化」はなく、それが「歌曲の調和がよろしく、ながらく歓迎された良書[8]」という評価につながったと考えられる。

また、唐澤の分類基準を参考に、「君が代を祝う、忠君愛国的」な歌詞の楽曲について見てみると、第一集第一四曲《皇国の守》など、一六九曲中一一曲（①-13、①-14、①-20、①-28、②-10、④-13、④-16、④-23、④-24、⑤-25、⑥-14〔数字は巻数-曲番号〕）しかそこに当てはまらない。この点で『明治唱歌』は、「歌詞に思想的なくさみがなく、現在〔一九六五年〕見ても好感のもてる教科書[9]」であると評される。

『明治唱歌』における「翻訳唱歌」

さらに、『明治唱歌』の歌詞について重要なことは、第二集の「凡例」で「西洋唱歌の原譜に附けたる歌は、すべて作者のあらたに設けたる題にて、原歌を翻訳したるものは一つもなし」と記述されているように、ほとんどの楽曲が原曲の歌詞と全く関係なく作られていることである。例えばゲーテの戯曲からテキストがとられたベートーヴェン作曲の《マルモッテ》は、マーモットを使った芸を披露する旅芸人の少年を描いた歌詞内容であるが、それを原曲とする第五集第一三曲《あすの日和》は秋の夕暮れを歌う歌詞内容に改変された。

しかし第一集には原曲歌詞を参考にして作られたと思われる楽曲が複数存在する。[10] これは、「翻訳でない」第二集以降を編纂する前に西洋唱歌の詩の型を自らの作風に取り入れるための、試験的な作品だったと見なすこともできる。原曲が判明している『明治唱歌』の楽曲で、原曲歌詞を参考にして作られたと思われるものについて、その歌詞を原曲歌詞との比較の形で以下に記載する。

第一集、第六《遊歩の庭》

一　いでよいでよ遊歩の庭に。休のかねのおときく時は、皆うちつれておくれずいでよ。楽しく共に遊べ遊べあそべ。

二　あそべあそべ中よく遊べ。鈴菜の花にとまりしてふも、友だちつれて空にぞあそぶ。楽しく共に遊べ遊べあそべ。

March Away[11]

1 March away! March away! To the play ground lead the way; All our lessons now are past, Left foot first and not too fast; O! 'tis nice each sunny day, Thus t'enjoy Ourselves in play; We'll no angry looks betray, But merrily merrily march away.

2 Off we go! Off we go! All our looks our pleasure show; Round and round the pole we swing, Or we form the joyous ring; Joining in the active race, Swift we run from place to place; 'Tis the time for sport and play, So merrily, merrily march away.

《進み出よう》

1 進み出よう、進み出よう、遊び場へと道をつなごう。今、すべての授業は終わった。左足から最初に、急ぎすぎぬよう。おお、なんていい天気だろう。遊ぶのに恰好だ。私たちは怒らないし裏切らない。でも、喜んで進み出よう。

2 私たちは行く、私たちは行く、皆とても嬉しそうに見える。ポールをまわりスイングし、または楽しく輪を作る。活発な競走に参加し、すばやく動く。スポーツと遊びの時間。喜んで、喜んで進み出よう。

この唱歌の作詞者は大和田であり、連の数も原曲と一致する、ほとんど直訳に近いと言ってよいもの。休み時間に子供たちが遊ぶ様子が描かれている。「鈴菜の花にとまりしてふ」という部分は大和田の後付けであり、「すずな」と「蝶」という二つの季語が含まれているが、それぞれ新年と春の季語であり、特に季節を気にして付けているわけではないようである。

第一集、第一五《母なき吾屋》

一　ははなきわがやは暗ゆくここち。のこれる幼児目も泣きはれぬ。ちちうへあねぎみ何とかすべき。母なきわがや暗ゆくここち。

二　ははなきわがやは暗ゆくここち。春日の光もここには照らず。鳥啼き花散りなつさへとはず。母なきわがやは暗ゆくここち。

三　ははなきわがやは暗ゆくここち。朝夕むかひしつくゑのうへに。つもれるその書たれとか読まん。母なきわがやは暗ゆくここち。

四　母なきわがやはやみゆくここち。なれたる言葉を耳にも聞かず。われらを遺していづこに行きし。母なきわがやは暗ゆくここち

Home is sad without a Mother[12]

1　Home is sad without a mother, Gloom and darkness hover there ; Eyes of childhood wet with weeping, Speak of darkness and despair. Kiss me sister, love me brother, Home is sad without a mother. Kiss me sister, love me brother, Home is sad without a mother.

2　Home is sad without a mother, Mould'ring yonder in the tomb ; Hands we often felt caressing, Silken curls of childhood's bloom. Kiss me sister, love me brother, Home is sad without a mother. Kiss me sister, love me brother, Home is sad without a mother.

3　Home is sad without a mother, Vacant is the old armchair ; Lips of love are cold and silent, Silent in the churchyard there. Kiss me sister, love me brother, Home is sad without a mother. Kiss me sister, love me brother, Home is sad without a mother.

4 Home is sad without a mother, Up there in the spiritland, Father, mother, sister, brother, Form a circle, hand in hand. Kiss me sister, love me brother, Home is sad without a mother. Kiss me sister, love me brother, Home is sad without a mother.

《母なき悲しい我が家》

1 我が家は母を亡くして悲しみにつつまれている。憂鬱と陰鬱が漂う。子供らの目は涙に濡れ、陰鬱と絶望の話をする。姉よ、キスして、兄よ、愛して。我が家は母を亡くして悲しみにつつまれている。姉よ、キスして、兄よ、愛して。我が家は母を亡くして悲しみにつつまれている。

2 我が家は母を亡くして悲しみにつつまれている。まるで墓の中のよう。私たちはしばしばキスをし合う。子供たちの頬や髪に。姉よ、キスして、兄よ、愛して。我が家は母を亡くして悲しみにつつまれている。姉よ、キスして、兄よ、愛して。我が家は母を亡くして悲しみにつつまれている。

3 我が家は母を亡くして悲しみにつつまれている。母の古いひじかけ椅子は誰も使っていない。愛にあふれた唇は、教会の墓地で冷たく静まり返っている。姉よ、キスして、兄よ、愛して。我が家は母を亡くして悲しみにつつまれている。姉よ、キスして、兄よ、愛して。我が家は母を亡くして悲しみにつつまれている。

4 我が家は母を亡くして悲しみにつつまれている。精霊の国で、父、母、姉、兄たちと手をとり抱き合おう。姉よ、キスして、兄よ、愛して。我が家は母を亡くして悲しみにつつまれている。姉よ、キスして、兄よ、愛して。我が家は母を亡くして悲しみにつつまれている。

これも大和田の作詞による楽曲であり、細部は原曲と異なるものの、連の数が一致し、全体的なテーマとしては原曲と唱歌でほとんど類似したものが見られる。題名については完全に直訳である。原曲の「椅子」が唱歌で「机」に置き換えられていることや、原曲で頻出する「キス」という言葉が唱歌歌詞で消されているのは一種の翻案であり、当時の日本の一般大衆が椅子や、家族間でのキスに馴染みのなかったということが翻案の理由として大きいだろう。

第一集、第二六《二月の海路》

一　春のうららの海原や、遠の山々かすむなり。雲か帆影かみづとりの、むれてとぶさへおもしろや。

二　闇の雲間の星のかげ、光かくれてすごき夜や。やがて嵐かおろしこん、空のけはひもただならず。

三　雨にあらしに大海は、怒涛さかまきあるるなり。いまやわが船かくれ岩に、ふれてくだけんおそろしや。

四　いづこなるらん名もしらぬ、はなれ小島に流れつき、あらしふきやみ春の夜は、しほぢかすみてあけそめぬ。

Die Loreley[13]

1　Ich weiß nicht, was soll es bedeuten, dass ich so traurig bin? Ein Märchen aus alten Zeiten, Das kommt mir nicht aus dem Sinn. Die Luft ist kühl und es dunkelt Und ruhig fließt der Rhein ; der Gipfel des Berges funkelt im Abendsonnenschein.

2　Die schönste Jungfrau sitzet dort oben wunderbar, ihr goldnes Geschmeide blitzet, Sie kämmt ihr goldenes Haar. Sie kämmt es mit goldenem Kamme, Und singt ein Lied dabei ; das hat eine wundersame, gewalt'ge

Melodei.

3 Den Schiffer im kleinen Schiffe ergreift es mit wildem Weh, er schaut nicht die Felsenriffe, er schaut nur hinauf in die Höh'. Ich glaube, die Wellen verschlingen am Ende Schiffer und Kahn, und das hat mit ihrem Singen, die Loreley gethan.

《ローレライ》

1 なぜこんなに悲しいのか、私にはわからない。遠い昔の物語、胸からいつも離れない。風は冷たく暗くなり、ライン河は静かに流るる。山の頂上は、紅く夕日に照り映えている。

2 遠くの岩に、驚嘆すべき美しい乙女が腰をおろす。金のかざりを輝かせ、黄金の髪を梳いている。黄金の櫛で梳きながら、乙女は歌を口ずさんでいる。不思議な力を持った素晴らしい旋律。

3 小舟をあやつる舟人は、心をたちまち乱され、暗礁も見ることができず、ただ上ばかりを仰ぎみる。ついに、舟も舟人も波に呑まれてしまうだろう。ローレライの妖しき魔の歌によって。

唱歌の作詞は音楽取調掛にも在籍していた鳥居忱によるものであり、原曲はジルヒャーの有名なドイツ歌曲《ローレライ》である。原曲三番の「舟も舟人も波に呑まれてしまう」という歌詞を取り出して拡大することにより、「春の海原に漕ぎ出した船と舟人が、嵐にあってあやうく沈みそうになる」という物語を作り出している。このような、原曲の歌詞の一部を取り出して拡大する翻案の手法は、『小学唱歌集』でも多く見られる。

このように『明治唱歌』第一集から、三曲のみの分析ではあるが、そこからは『明治唱歌』における歌詞翻案の特徴として、『小学唱歌集』のように、教育的な歌詞を無理やり後付けしていないということがわかる。余計な内容を含めず曲調と合った歌詞を楽曲につけるということは、なるほど単純なことではあるが、これも大和田の言う「高尚の域」に通じる要素であろう。

この他にも、末日聖徒イエスキリスト教会（モルモン教）の賛美歌《神は正義を繁栄させる *God Speed the Right*》を原曲にしている大和田作詞の第二九曲《クリストマスの歌》などがあるが、この唱歌は必ずしも原曲歌詞内容と関連性がない。しかし、この楽曲で画期的なことは、「クリスマス」というキリスト教の儀式をテーマとして用い、「天地にみちたる神の恩。やみにもかくれぬ神の恩。みそらの星とぞわれらを照らす。うれしや神の恩」と、神を讃えるキリスト教的な要素をそのまま唱歌の歌詞にしていることである。これは『小学唱歌集』においては有り得ないことであった。大和田は、クリスチャンではなかったものの、学生時代に宣教師の聖書講義を受講しており、かなりのキリスト教理解者であったとされる[14]。

大和田と「新体詩」

また、大和田の功績としては、「新体詩」の概念を唱歌に取り入れたことを記しておかねばならない。そもそも新体詩とは、明治時代に西洋詩の影響を受けて、それまでの日本の和歌、俳句などの定型詩や漢詩から新しい詩型を目指した詩作品のことである。この「新体詩」は一八八二年に刊行された『新体詩抄』（矢田部良吉、外山正一、井上哲次郎による共編）で広く知られ、北村透谷、島崎藤村らの詩人に影響を与えた。

この詩集では「翻訳」が作詩の中心的な方法であり、西洋の韻律を持ち込むために七五調が採用されている。そこではシェイクスピア（Shakespeare）の『ハムレット *Hamlet*』における有名な台詞、*To be or not to be, that is the question* が「ながらふべきか但し又　ながらふべきに非ずるか　爰が思案のしどころぞ」、「死ぬるが増か生く

るが増か　思案をするはここぞかし」という二つの翻訳で掲載されており、これは新しい「日本語文体の確立」の可能性を探るものと見なされている。[15]

大和田は一八九四年刊行の『欧米名家詩集』における七五調によって、文学界の中で模範的な詩形の作家と認められるようになるが、その七五調はさまざまな試行錯誤の成果であった。大和田は、唱歌詩形に関して一八九四年に刊行された『明治文学史』において、『新体詩抄』と『小学唱歌集』を比較し、「前者〔『新体詩抄』のこと〕は謂はゆるポエムを起さんとするものにて用語は通俗平易を主とし、後者〔『小学唱歌集』のこと〕は謂はゆるソングの手本にして語気往々古調死格に傾けり。是れ其大なる差別なり」[16]と論じ、『小学唱歌集』の詩形を酷評する。古調死格に傾く唱歌教育に対して大和田が示したのが『明治唱歌』であり、そこでは前述したものも含め、さまざまな句格が試されている。例えば、「夕空はれてあきかぜふき、つきかげ落ちて鈴虫なく」と歌われる《故郷の空》の句格は七六調であり、これは当時としては斬新なものであった。

このようなさまざまな試みを経て、新体詩は結局七五調に落ち着く。日本語学者の山東功は、この「七五調への落ち着きの一要因が、記憶の装置へと変化した後の『唱歌』であった」[17]と述べている。本章第3節で論じる「教科統合」や、大和田の作詞で有名な《鉄道唱歌》は旋律の力によって歌詞を暗記させるという記憶を主目的としたものである。すなわち新体詩の「詩形として七五調が選択されるということは、唱歌の側から見れば音楽性の涵養とは別に歌いやすさが要求されたということにもなり、結果としてそれらは共役的に機能した」のである。[18]この七五調のリズムは歌詞を調子よく唱うのに適しており、歌詞内容で人々を感化しやすいため後々の唱歌作成にも活かされていった。

で派手好みなため、幼いうちから正しい音楽で躾ける必要があるということで、この時点では唱歌教育の主な対象が女性であったことがうかがえる。その後一八八一年から一八八四年にかけて『小学唱歌集』全三編が刊行された。

『小学唱歌集』と男性ジェンダー

細川は伊澤の業績の一つとして、「唱歌を男も含む子供全員の徳育に利用しうることを主張し、実行したこと」[22]を挙げている。これは、「今夫レ音楽ノ物タル性情ニ本ヅキ、人心ヲ正シ風化ヲ助クルノ妙用アリ。故ニ古ヨリ明君賢相特ニ之ヲ振興シ之ヲ家国ニ播サント欲セシ者和漢欧米ノ史冊歴々徴スベシ[23]」という『小学唱歌集』の緒言からも読み取ることができる。

社会学者の上野千鶴子は、「『国民』は『国家のために死ぬ名誉を持つ者』と『国家のために死ぬ名誉を持たない者』とに分断され、前者だけが国民の資格を得たのである」として、「兵役」を「国民化」の鍵に位置付けている。[24]この言説に基づいて考えるなら、一八七三年の「徴兵令」で男性にのみ兵役が課されていた明治期日本においては、男性こそが「国民」の主役であったと言えよう。

『小学唱歌集』でも男性の「国民」を歌った歌がいくつか含まれており、「益荒雄」など明らかな歌詞が含まれているものとして第42曲《遊猟》、第44曲《皇御国》、第61曲《古戦場》、第69曲《小枝》、第79曲《忠臣》の五曲が存在する（《皇御国》、《古戦場》、《忠臣》の3曲は、唐澤によって「忠君愛国的」な歌詞に分類されている）。このうち《遊猟》の歌詞について、原曲訳詞と比較する形で以下に記す。[25]

第四二《遊猟》

一 さながら山も、くずるばかりに、おのえにとよむ、矢玉のひびき、神ちょう虎も、てどりにしつつ、いさみにいさむ、益荒雄の徒

二 葦毛の馬に、しづ鞍おきて、あづさの真弓、手にとりしばり、みかりたたすは、ますらおなれや、み猟たたせる、そのいさましさ

The Lincolnshire Poacher[26]

1 When I was bound apprentice in famous Lincolnshire, Full well I serv'd my master, for more than seven year, Till I took up to poaching, as you shall quickly hear. Oh, 'tis my delight on a shining night, in the season of the year.

2 As me and my companions was setting of a snare, 'Twas then we spied the gamekeeper for him we did not care, For we can wrestle and fight, my boys, and jump o'er anywhere. Oh, 'tis my delight on a shining night, in the season of the year.

3 As me and my companions were setting four or five, And taking on'em up again, We caught a hare alive, We took the hare alive, my boys, and thro' the woods did steer ; Oh, 'tis my delight on a shining night, in the season of the year.

4 I threw him on my shoulder, and them we trudged home, We took him for a crown, We sold him for a crown, my boys, but I did not tell you where ; Oh 'tis my delight on a shining night, in the season of the year.

5 Success to every gentleman that lives in Lincolnshire, Success to every poacher that wants to sell a hare, Bad

luck to every gamekeeper that will not sell his deer ; Oh 'tis my delight on a shining night, in the season of the year.

《リンカンシャーの密猟者》

1 私が有名なリンカンシャーで徒弟奉公をしていた頃、七年以上、親方に仕えていた。私が密猟に手を出すまでは。君はもう噂を聞いているのではないか。それは輝く夜の、私の喜び。一年のうちのシーズン中に。

2 私と仲間がわなを仕掛けているとき、私たちは油断をし、番人に見つかってしまった。私たちは格闘し、跳躍し、逃げおおせた。それは輝く夜の、私の喜び。一年のうちのシーズン中に。

3 私と仲間は罠を四つか五つ仕掛け、そしてそれを引き上げ生きているウサギを捕まえた。私の獲物たち。そして木々の間を進む。それは輝く夜の、私の喜び。一年のうちのシーズン中に。

4 私は彼を肩にかつぎ、私たちは家に帰る。私たちは、彼を王冠（お金）のために売ってしまう。私の獲物たち。彼らがどうなるか、私は知らない。それは輝く夜の、私の喜び。一年のうちのシーズン中に。

5 成功は、リンカンシャーに暮らすすべての紳士へ。成功は、ウサギを売るすべての密猟者へ。そして悪い運は、鹿を売らないすべての猟場番人へ。それは輝く夜の、私の喜び。一年のうちのシーズン中に。

原曲の《リンカンシャーの密猟者》は現在も親しまれているイングランドの民謡である。歌詞は密猟生活の楽しさを描いた喜劇的なものであり、狩人の勇ましさを歌った《遊猟》との共通点は「猟」という主題のみである。したがって唱歌歌詞に見られる男性的な勇ましさは、明らかに日本における後付けであろう。

明治後期には、唱歌から発展する形で生まれた学生歌や軍歌が盛んに歌われるようになる。これらの楽曲は、実際は歌わせていたにせよ、もはや「女こども」を対象にした歌とは到底言えず、《遊猟》や《皇御国》はその先駆と見なすこともできるだろう。以下に《皇御国》の歌詞を記す。

第四四《皇御国》

一　すめらみくにの、もののふは、いかなる事をか、つとむべき、ただ身にもてる、まごころを、君と親とに、つくすまで

二　皇御国の、おのこらは、たわまずおれぬ、こころもて、世のなりわいを、つとめなし、くにと民とを、とますべし

この楽曲は「翻訳唱歌」ではなく、伊澤自身の作曲によるものである。作詞は一番と二番で分かれており、一番が幕末の勤王家である加藤司書、二番が音楽取調掛員の加藤厳夫によるものである。勤王の志士による歌詞ということもあって、私を捨てて君すなわち天皇や国に尽くすという自己犠牲の精神を歌ったものであり、同じ精神性が後の有名な軍歌である《海行かば》などにも見られる。

このように、明治期の日本における男性ジェンダー観は、江戸以前の武士道のイメージも残り、「勇ましさ」や「自己犠牲」の精神性と結びついたものであったと見なすことができるだろう。

『小学唱歌集』と女性ジェンダー

ここからは『小学唱歌集』における女性ジェンダーの分析に移る。第一次伊藤内閣と黒田内閣の下で初代文部大臣を務めた森有礼は、一八七三年に福沢諭吉や中村正直らとともに、啓蒙活動を行う目的で明六社を結成した。明

六社に結集した知識人達は、国家の形成において、いかに女性の力を利用するかという切実な問題意識を有しており、結成翌年より『明六雑誌』の刊行を開始する。

一八七五年、この雑誌において中村が初めて「良妻賢母」という言葉を使用した[27]。中村は、日本を近代国家として発展させる基本が「人民ノ性質ヲ改造スル」ことにあると考えており、女性を「善良ナル母」として養成することがその近道になると考えていた。具体的には、「賢母」が子供の教育を担当することで「人類ヲ新タニシ改良」できるということであり、その点でこの「性質の改良」という考えは、「人心を正し風化を助ける」という目的を持った『小学唱歌集』に類似する考えとも言える。

『小学唱歌集』において題名や歌詞から明らかに女性をテーマにしていると見なせる楽曲としては、第21曲《若紫》、第31曲《大和撫子》、第56曲《才女》、第57曲《母のおもひ》の四曲が挙げられ、このうち《母のおもひ》はまさしく「賢母」像を歌ったものである。以下に唱歌歌詞、原曲歌詞、原曲訳詞の順で歌詞を記す。

第五七《母のおもひ》

一　ははのおもいは、そらにみち、ゆくえもしらず、はてもなし、月の桂を、たおりてぞ、家の風をば、ふかせつる、あおげあおげ、ははのみいさお

二　母のなさけの、撫子よ、つゆなわすれそ、めぐみをば、家をうつすも、そだてぐさ、はたをきるさえ、教えぐさ、したえしたえ、ははのなさけを

My Mother dear[28]

1　There was a place in childhood, That I remember well, And there a voice of sweetest tone, Bright fairy tales did tell. And gentle words and fond embrace were given, with joy, to me. When I was in that happy place, Upon my mother's knee. My mother dear, my mother dear, my gentle, gentle mother.

2 When fairy tales were ended, "Good night," she softly said, And kissed and laid me down to sleep, Within my tiny bed ; And Holy words she taught me there—Methinks I yet can see, Her angel eyes, as close I knelt, Beside my mother's knee. My mother dear, my mother dear, my gentle, gentle mother.

3 In the sickness of my childhood, The perils of my prime, The sorrows of my riper years, The cares of every time...When doubt and danger weighed me down –Then pleading, all for me, It was a fervent prayer to Heaven, That bent my mother's knee. My mother dear, my mother dear, my gentle, gentle mother.

《私の愛する母》

1 そこは私が子供時代を過ごした場所、私は思い出す。優しい音色の声が輝く妖精の話を語った。甘い言葉と優しき抱擁、それは私に喜びをもたらす。母の膝の上は、私の幸せな場所。私の愛する母、私の愛する母、私の優しい、優しい母。

2 妖精の話が終わると、「お休みなさい」という柔らかな声、キスが私を眠らせる。私の小さなベッドで。そしてそこで、彼女は私に聖なる言葉を語る。私はまだ見える、彼女の天使のまなざし、閉じられ、私は母の傍らで眠る。私の愛する母、私の愛する母、私の優しい、優しい母。

3 私が子供時代、病気をしたとき、青春における危機、大人になってからの悲しみ、いつも癒してくれた…。疑いと危険が私を痩せさせたとき、私のために膝をおって祈ってくれた。私の愛する母、私の愛する母、私の優しい、優しい母。

原曲の《私の愛する母》は、幼き頃の母との甘い時間を思い出す歌詞内容であり、唱歌は、それを「賢母」や「母への恩」という要素を持った歌詞に置き換えている。母の像を歌った唱歌は明治期を通じて多く作られており、その中でもこの《母の思ひ》は「賢母」を歌った唱歌の先駆と言えるだろう。

一八七〇年代後半の国粋主義が強化された時期[29]より、天皇制を中心に据えた形の日本的な近代化が模索され始めており、それは『小学唱歌集』にもあらわれている。その近代化戦略の中で「女性の献身を当然視するのではなく、女性に徳があるとするゆえに女性の献身を賞揚していく言説戦略がとられた。そして神功皇后や松下禅尼などの国家に功績のあった女性を、日本女性の優越の象徴とする[30]」ことが始められた。『小学唱歌集』において、この文脈上にあるのが《才女》である。以下、同様に歌詞を記す。

第五六《才女》

一　かきながせる、筆のあやに、そめし紫、世々あせず、ゆかりの色、ことばの花、たぐいもあらじ、そのいさお

二　捲あげたる、小簾のひまに、君の心も、しら雪や、盧山の峯、遺愛の鐘、目にみる如き、そのふぜい

Annie Laurie[31]

1　Maxwellton's braes are bonnie, Where early fa's the dew, And it's there that Annie Laurie, Gave me her promise true, Gave me her promise true, Which ne'er forgot will be, And for bonnie Annie Laurie, I'd lay me doon and dee.

2 Her brow is like the snowdrift, Her throat is like the swan, Her face is the fairest That e'er the sun shone on. That e'er the sun shone on, And dark blue is her e'e, And for bonnie Annie Laurie, I'd lay me doon and dee.

《アニー・ローリー》

1 マクスウェルトンの丘は美しく、そこは朝露にぬれている。あそこでアニー・ローリーは、私に真実の約束をくれた。それは忘れることのできぬもの。美しきアニー・ローリーのため、私は命を捧げよう。

2 彼女の顔は雪のようで、彼女の首は白鳥のよう。彼女の顔はもっとも美しく、陽の光に満ちている。深い青色は彼女の瞳。美しきアニー・ローリーのため、私は命を捧げよう。

原曲は有名なスコットランド民謡の《アニー・ローリー》であり、その歌詞は、アニー・ローリーという理想的な女性への恋心を歌ったウィリアム・ダグラス（William Douglas）の手によるものである。これに対して《才女》は、第一連で『源氏物語』の作者である紫式部、第二連で「香爐峰の雪は」と問われて直ちに御簾を巻き上げ才知を示したという清少納言の逸話を歌っている。明治期には優れた日本女性の象徴として、この二人の女流作家が論じられる機会が増えた。例えば清少納言は一八九四年の『文学界』第二〇号において、誇りを持って宮中に仕えた貞節な女性として評価されている[32]。

『小学唱歌集』におけるジェンダーのまとめ

『小学唱歌集』におけるジェンダー観の分析の最後に、男女両方のジェンダーを扱った楽曲として第18曲《うつくしき》を挙げたい。以下に、これまでと同様の順で歌詞を掲載する。

第一八《うつくしき》

一 うつくしき、わが子やいずこ、うつくしき、わがかみの子は、ゆみとりて、君のみさきに、いさみたちて、わかれゆきにけり

二 うつくしき、わが子やいずこ、うつくしき、わがなかのこは、太刀帯て、君のみもとに、いさみたちて、わかれゆきにけり

三 うつくしき、わが子やいずこ、うつくしき、わがすえのこは、ほことりて、きみのみあとに、いさみたちて、わかれゆきにけり

The Blue Bell of Scotland[33]

1 Oh where, tell me where, has your Highland laddie gone? He's gone with streaming banners where noble deeds are done and it's oh, in my heart I wish him safe at home.

2 Oh where, tell me where, did your Highland laddie dwell? He dwelt in bonnie Scotland, where blooms the sweet blue bell and it's oh, in my heart I lo'ed my laddie well.

3 Oh what, tell me what, if your Highland laddie is slain? Oh no, true love will be his guard and bring him safe again, for it's oh, my heart would break if my highland lad were slain.

《スコットランドの釣鐘草》

1　ああ、教えて、あなたの高原の若者はどこへ行った？　彼は棚引く旗とともに、気高き行為の行われる土地へと。そして、ああ、私は胸の中で、彼の無事なる帰宅を望む。

2　ああ、教えて、あなたの高原の若者はどこに住んでいた？　彼は美しきスコットランドに住んでいた。そこには愛らしい釣鐘草が咲いている。そして私は胸の中で、私の若者をとても愛していた。

3　ああ、教えて、あなたの高原の若者が殺されたらどうするのか？　いいえ、真の愛が彼を導き、無事に帰らせるだろう。もし私の高原の若者が殺されたなら、私の心は壊れるだろう。

原曲は、徴兵された恋人の帰りを待つ女性の恋心を歌った有名なスコットランド民謡である。唱歌はそれを「三人の息子を近衛兵として送り出した軍国の母の毅然とした心境を歌う、教育的な歌」[34]に翻案している。「勇ましき兵士」として天皇に仕える息子たちを、「賢母」が送り出す情景を描いており、まさに明治期における男女それぞれのジェンダー観を併せ持った楽曲と見なせる。

ここまでの分析から見て、『小学唱歌集』歌詞における男女それぞれのジェンダー像は「勇ましく戦う男性像」と「賢い母である女性像」というものであった。歌詞以外の音楽的要素、すなわちリズムや調、旋律に関しては後述する『小学唱歌』のように、男女それぞれのジェンダーを表している楽曲のみに見られる特徴は存在しない。タイトルを挙げた上記九曲のうち、《皇御国》のみが伊澤の作曲による雅楽調であるが、『小学唱歌集』には他に五曲の雅楽調楽曲が含まれており、この楽曲のみの特徴にはなっていない。

『小学唱歌』の概説

一八八六年、その前年に初代文部大臣となった森が「第一次小学校令」を公布し、一八七〇年代後半の国粋主義強化に続く国家主義勃興の下、教科書検定制度が始まる。このような状況の中、伊澤は一八九一年に辻新次との意見の対立から音楽取調掛を非職となったが、翌九二年から九三年にかけて自らの理想とする音楽教科書、すなわち忠と孝の徳目を中心とした『小学唱歌』を編纂した。

これは全六巻から成り、一八九〇年に発布された教育勅語の徳目に基づいて、小学生徒の「智徳体育」を目的としている。この点で『小学唱歌集』と同じ路線の教科書と言えよう。複数の巻に重複して掲載されているものは除いて、全一二五曲が掲載されており（作曲者未詳の楽曲も多い）、少なくとも二二曲以上が「翻訳唱歌」である。また、例えば全曲のうちの四分の一ほどが純粋な「自然、情景」に関するテーマを持っているが、その大部分が第三巻以降に掲載されており、尋常小学校向けの第一巻と第二巻の楽曲は、「教育勅語」の徳目に沿ったものか、あるいは「祝日大祭日」をテーマとしたものが多い。これは文化的な共通意識の創出というよりも、歌詞による直接的な徳育を意図したものと推察できる。

第三巻以降の「自然、情景」をテーマにしたものでは『小学唱歌集』と同じ傾向の歌詞が多く見られるため、以下にいくつか掲載してみたい。

巻之三上第六《四季の景色》

一　山辺にのべに霞み渡り、鶯かはづひばり胡蝶、さくらに梅に春はたのし

二　若葉のこずゑ茂りあひて、山時鳥初音もらし、橘かをり夏もをかし

三　百草千草匂ひ乱れ、さやけき月に、むしも鳴きて、紅葉に菊に秋もたのし
四　霜おく夕べ千鳥鳴きて、こぼるゝ霰つもる深雪、寒くはあれど冬もをかし
五　あはれ楽し春も秋も、あはれをかし夏も冬も、あはれあはれ四季のけしき

作詞は歌人の佐々木信綱による。旋律はドイツの学生歌《我々は立派な家を作った *Wir hatten gebauet ein stattliches Haus*》のものだが、歌詞は全く違う。春夏秋冬を一番から四番までの連に当てはめ、それぞれの連で三つから四つの季語を使用している。

巻之四下第二三《皇国の四季》
一　花杜鵑、過ぎ行けば、月より雪にうつりつゝ、春夏秋も冬もみな、一年ながらあはれなり、ひと年ながらあはれなり
二　花には吉野、あらし山、月には明石、須磨の浦。越路のみゆき、夏の富士、みくにゝに多きその所、皇国に多き、其のところ

作詞は音楽取調掛員だった稲垣千頴による。第一連で春夏秋冬の季語を挙げ、第二連では四季の景物に合った風景を描いている。作曲者は不明である。

巻之四下第二四《京の四季》
花咲く春はひがし山、月すむ秋はかつら川、鳥羽田の早苗、小野の雪、みやこにつきぬ、そのながめ

作詞は《皇国の四季》と同じく稲垣によるもので、一連のみの歌詞だが、春秋夏冬の順で京の四季における景物を出している。作曲は高野茂による。

さらに、『小学唱歌』に寄せた伊澤の緒言には「第一巻、第二巻は、尋常小学に適用し、第三巻第四巻は、高等小学女生徒に第五巻第六巻は、高等小学男生徒に適用すべき歌曲を採れり」[35]と記述されており、そこからは伊澤が男女別の適性を意識していることが読み取れる。そこでまずは、男女共通ではなく、それぞれの性別のみを対象とした楽曲の一覧を纏めたい。第三巻以降に掲載されている楽曲にも複数の巻で男女共通に用いられている楽曲があるが、それらは除く。タイトル前の数字は、順に巻数-掲載番号である。

女生徒向け：二〇曲

③-4《鏡》、③-6《四季の景色》、③-11《蛍も雪も》、③-13《松下禅尼》、③-14《夏》、③-15《文読む人》、③-22《慎言謙譲》、③-23《君が門》、④-4《学の力》、④-7《母の恵》、④-9《我宿》、④-10《松の操》、④-12《歌》、④-13《身はたをやめ》、④-14《小督》、④-17《三秀》、④-21《高き誉》、④-22《絲竹月花》、④-23《皇国の四季》、④-25《京の四季》

男生徒向け：一八曲

⑤-3《行軍歌》、⑤-6《臣の鑑》、⑤-12《来れや来れ》、⑤-17《日本男子》、⑤-19《矢玉は霰》、⑥-3《屯田兵》、⑥-5《習へや》、⑥-7《礒山元》、⑥-8《母のおもひ》、⑥-10《海山》、⑥-11《岩清水》、⑥-12《四の時》、⑥-13《今の世》、⑥-15《尚武》、⑥-17《商船》、⑥-18《軍艦》、⑥-21《古戦場》、⑥-24《愛たの花》

これらの楽曲の音楽要素について見るならば、男子向けの楽曲がすべて単旋律なのに対し、女子向けの楽曲では

《蛍も雪も》、《文読む人》、《歌》、《絲竹月花》が輪唱形式になっている。また、女子向けの《身はたをやめ》、《京の四季》、《鏡》、《君が門》は俗楽調であり、これもやはり男子向けでは見られない特徴になっている。伊澤は《身はたをやめ》の解説において、「教師、此曲ヲ、一二回、楽器ニテ弾シ、生徒ニ、何種ノ楽曲タルカヲ問ハバ、忽チ俗楽調ナルコトヲ答ヘン」[36]と記しており、女子は俗楽調に親しんでいるのが好ましいと考えていたことがうかがえる。

このような女子向けの楽曲は二分音符と四分音符中心で、穏やかな旋律の楽曲が多いのに対し、男子向けの楽曲では、《行軍歌》や《日本男子》など、軍歌の特徴であるピョンコ節[37]が多用されている。しかし音域的には男女差が見られず、これはこの時代の男子小学生が、現代と違い、在学中に変声することがほとんどなかったという当時の事情を反映しているとも考えられるだろう。[38]

『小学唱歌』のジェンダーに関する歌詞分析

ここからは、『小学唱歌』における楽曲の歌詞について、『小学唱歌』におけるジェンダー観の分析を目的として分析を行う。女子向けのものが「花鳥風月」や「勉学」を多く歌っているのに対し、男子向けのものでは軍歌的な内容がほとんどである。例えば、男子向けの楽曲だが、題名からすると花鳥風月の内容とも思われる《愛たの花》の歌詞を見てみたい。

巻之六上第二四《愛たの花》

一　あはれや盛りのさくら、散るか散るかおしや、ちるよ嵐に散る花嵐に散る花、めでためでたの花散るは惜しや

二　あはれやさかりのさくら、散るか散るか今はちるか、さながら降る雪さながら降る雪、さそふ嵐の庭散るはめでた

一見すると花鳥風月の歌詞にも思えるが、伊澤の解説にもあるように、国家のために桜の花の散るような自己犠牲を「めでた」と奨励する曲と分かる。[39]女子向けの楽曲では四季や景物が題名に含まれているものが複数あるが、こちらは実際に花鳥風月の内容を歌っている。一例として《京の四季》の歌詞を記載する。

巻之四上第二五《京の四季》

花さく春は、東山、月すむ秋は、かつら川、鳥羽田の早苗、小野の雪、みやこにつきぬ、そのながめ

一連のみの歌詞であるが、その中で京都における美しい景物を春夏秋冬にわたって歌っている。女子向けの楽曲としてはこのような花鳥風月のほか、《松下禅尼》のような、国家に功労のあった実在の女性を歌ったものもある。『小学唱歌』では日本人作曲の場合は作曲者が明記されており、西洋曲の場合は作曲者未詳と記されていることが多い。このことから『小学唱歌』には「翻訳唱歌」がおよそ三割程度しか掲載されていないと考えられるが、その作成方法は『小学唱歌集』に近い。まずは、女生徒向けの《我宿》と《学の力》について比較分析を行う。以下に唱歌歌詞、原曲歌詞、原曲訳詞の順で記す。

巻之四上第九《我宿》

一　ゆかしく楽しき我宿、かはらぬすがたの花園、み親の涙のなさけは遍し、ぬれては色ますもろ袖、ゆかしく

楽しきわが宿、変らぬ姿のはなぞの

二　勇ましたのもし我宿、嬉しき言葉に尽きせず、かよわき板戸のひとへの隔ては、浮世の波風よそにて、いさましく頼もし吾やど、うれしさことばに尽せず

三　なつかし愛らし我やど、優しき情のみちみつ、手植えのめぐみにこたふる心根、笑顔を示せる艸花、なつかし愛らし吾やど、やさしき情のみちみつ

Dearest Spot of Earth to Me Is Home[40]

1　The dearest spot of earth to me Is Home...sweet Home！ The fairyland I long to see Is Home！ ...sweet Home！ There, how charm'd the sense of hearing！ There, where love is so endearing！ All the world is not so cheering As Home...sweet Home！ The dearest spot of earth to me Is Home...sweet Home. The fairyland I long to see Is Home sweet Home.

2　I've taught my heart the way to prize My Home...sweet Home, I've learn'd to look with lover's eyes On Home...sweet Home！ There where vows are truly plighted, There, where hearts are so united, All the world besides I've slighted For Home...sweet Home！ The dearest spot of earth to me Is Home...sweet Home. The fairyland I long to see Is Home sweet Home.

《地上の愛しき我が家》

1　地上の愛しき我が家、甘き我が家。私が永く夢見た桃源郷こそ我が家、甘き我が家。そこには何たる魅力的な響きが。そこには満ち足りた愛が。世界中で我が家ほど魅力的な所はない。甘き我が家。世界中で最も愛

しい場所こそ我が家。甘き我が家。私が永く夢見た桃源郷こそ我が家。

2　私は心に我が家を讃えることを教えた、甘き我が家。私は我が家を愛のこもった眼差しで見る、甘き我が家。そこには堅く結ばれた真実の約束が。
そこでは心と心が結びつく。その他の世界は横に置かれる。我が家のため、甘き我が家。世界中で最も愛しい場所こそ我が家。甘き我が家。私が永く夢見た桃源郷こそ我が家。

原曲の歌詞が二連なのに対し、唱歌ではそれを三連に拡大している。原曲ではsweet Home、すなわち愛の巣としての我が家が歌われており、二番の内容からして男女の恋愛の要素が内包されている。これに対して唱歌では「み親の涙のなさけは遍し」という歌詞内容からも、家族制度に基づいた「我が家」が歌われている。明治期の家制度は、先に述べたように女性を中心としており、その意味でもこの歌詞は女性向けの「翻訳唱歌」としてふさわしい翻案と言える。

巻之四上第四《学の力》

一　学びてはかれよ、御国の富、まなびて磨けよ、其身の業、我が皇御国の民たるもの
二　貴きしるしや学の道、みくにの幸、その身の福、みなこの道にぞ基くなる

All Hail the Power of Jesus' Name[41]

1　All hail the power of Jesus' name! Let angels prostrate fall; bring forth the royal diadem, and crown Him Lord of all. Bring forth the royal diadem, and crown Him Lord of all.

2 Ye chosen seed of Israel's race, ye ransomed from the Fall, hail Him who saves you by His grace, and crown Him Lord of all. Hail Him who saves you by His grace, and crown Him Lord of all.

3 Sinners, whose love can ne'er forget the wormwood and the gall, go spread your trophies at His feet, and crown Him Lord of all. Go spread your trophies at His feet, and crown Him Lord of all.

4 Let every kindred, every tribe on this terrestrial ball, to Him all majesty ascribe, and crown Him Lord of all. To Him all majesty ascribe, and crown Him Lord of all.

《イエスの名の力をみな讃えよ》

1 イエスの名の力をみな讃えよ！　天使たちは礼をし、王冠に力をもたらし、すべての者の主を王位につけよ。王冠に力をもたらし、すべての者の主を王位につけよ。

2 あなたはイスラエルの民の選ばれた種、堕落から救われる。恩寵であなたを救う主を讃えよ、すべての者の主を王位につけよ。恩寵であなたを救う主を讃えよ、すべての者の主を王位につけよ。

3 苦悩や憎しみを愛し、忘れることのできない罪人たち、お前の戦利品を彼にさらけ出すがいい、すべての者の主を王位につけよ。お前の戦利品を彼にさらけ出すがいい、すべての者の主を王位につけよ。

4 この地球上のすべての縁者、民族たちよ、すべての者の主の下に帰ろう。すべての者の主を王位につけよ。すべての者の主の下に帰ろう。すべての者の主を王位につけよ。

原曲は、賛美歌として有名な《イエスの名の力をみな讃えよ》である。唱歌では「イエスの力」が「学の力」へと翻案されており、学びによって皇国の役にたつ人間になるよう説くものである。唐澤の唱歌分類基準に従えば、この唱歌は「勉学、勤勉」の項目に入るだろう。前述の『小学唱歌集』における「才女」も同じ項目に分類されていることから、伊澤における「勉学、勤勉」の教育的要素は、女性ジェンダーと結びついていることが見てとれる。

次に男子向けの「翻訳唱歌」である《尚武》を取りあげる。以下、これまでと同様に歌詞を記す。

巻之六下第一五《尚武》

一　雄々しや大夫吾大君の、勅のまにまに山越え野ゆき、わが門過ぐれど内にも入らず、顧みせざらん妻も子をも

二　敵に向ひて後は見せず、進みて入るべし水にも火にも、皇国の爲には身をさへわすれ、剣の光を世にこそてらせ

Independence Day[42]

1　Tell me, boys, what mean those voices, That are shouting in the street. Everyone I see rejoices ; Bands play tunes for marching feet ; And the stars and stripes blowing, On the ocean and te shore ; All our hearts with thanks o`erflowting, Independence Day once more.

2　Neat a hundred years have floated, On time's restless, changing sea, Since nation rose and voted, That the country should be free, Gay the ocean and te shore ; All our hearts with thanks o'erflowting, Independence Day once more.

3　It was then our youthful nation, Raised its consecrated hand, Sealed with blood the Declaration, Of her

Independence grand. Gay the ocean and te shore；All our hearts with thanks o’erflowting, Independence Day once more.

4　Let us join those happy voices, That are shouting in the street；Ev’ry freeman’s heart rejoices；Bright beams ev’ry eye we meet. Gay the ocean and te shore；All our hearts with thanks o’erflowting, Independence Day once more.

《独立記念日》

1　少年たちよ、道で叫ぶこの声が何なのか教えてくれ。皆が喜んでいるのが見える。楽団はマーチを奏で、星条旗がひらめいている。海に岸に、我々皆が感謝する。独立記念日を再び。

2　百年近くが過ぎ、止まらぬ時の流れは海を変えた。我々の国で議決が行われ、この国は自由になった。楽団はマーチを奏で、星条旗がひらめいている。きらびやかな海に岸に、我々皆が感謝する。独立記念日を再び。

3　そのとき我々の国家は若く、伸ばされた魔手を打ち砕いた。血を流し、宣言を守り抜いた。独立した大地の上で。楽団はマーチを奏で、星条旗がひらめく。きらびやかな海に岸に、我々皆が感謝する。独立記念日を再び。

4　この幸せな叫びに加わろう。すべての自由な人々が歓喜の内にある。全ての人々が目を輝かせている。きらびやかな海に岸に、我々皆が感謝する。独立記念日を再び。

原曲はベルンハルト・クライン（Bernhard Klein）作曲の《独立記念日》である。独立記念日の喜びを歌った曲だが、第二、三連で独立戦争の説明が入っており、その部分の歌詞イメージを翻案したのが《尚武》だと考えられる。武勇に優れ、皇国のために身を尽くした無名の人物を描いた歌詞内容を持つこの唱歌は、男子向けの唱歌として典型的なものと言えよう。

このように『小学唱歌』におけるジェンダー観は、まず伊澤の分類による男女別楽曲から始まっており、これは男女別学であった当時の授業形態を反映したものとも見なすことができる。

歌詞におけるジェンダー像について、女子向けのものは「家」、「四季」、「実在の女性」、「勉学」など幅があるのに対し、男子向けのものは、そのほとんどが「自己犠牲」を歌ったものや軍歌調のものである。しかし《母の思い》は、母への恩を歌っており、男子向けのものとしては例外的な歌詞内容と言える。これは明治期において、「賢母」という存在がいかに重要視されていたかということを示しているだろう。

音楽要素においてもリズムを中心とした男女の違いが出てきており、特に後々の軍歌にもつながっていくという点で、男子向けの楽曲にピョンコ節が多用されていることは興味深い。

節のまとめ

以上、本節では伊澤修二が編纂の中心になった二つの唱歌集を「ジェンダーの創出」という視点から論じた。「翻訳唱歌」の歌詞分析を中心に、音楽取調掛や伊澤修二による後付けを見ることで、当時の日本で必要とされていた男女それぞれの人物像や、ジェンダーに関する教育内容を考察することができた。

歌詞内容におけるジェンダーについては、男性における「自己犠牲」や女性における「賢母」など、『小学唱歌集』ですでに一定の型が出来ていたと考えられる。『小学唱歌』では、『小学唱歌集』の型を踏襲しつつ、特に音楽要素の面で新しいジェンダー観を取り入れていったと言えるだろう。

一九一〇年にイギリスで出版された『この世の楽園　日本』で知られる英国人写真家のハーバート・ポンティング（Herbert Ponting）は、同書の第八章を「日本の婦人について」と題し、日露戦争前後の日本の女性像について詳しく記述している。その中でポンティングは、小学校の女性教師が少女たちに対して「女にとっての最高の望みは、日本のために戦う息子の母親になることであり、あなた方が大きくなって自分の息子を持ったら、息子を陛下の勇敢で忠実な臣民に育て上げるようにして下さい」と教える姿を描写しており[43]、そこからも明治後期の小学校教育ではこのようなジェンダー観が教育に用いられていたことが理解される。

第3節　田村虎藏の『幼年唱歌』と『少年唱歌』――「教科統合」の受容――

節の導入

本節では、戦前の学校教育において存在した教育思想および教育手法である「教科統合」に関して、唱歌教育の先駆者の一人である田村虎藏を中心に考察する。

田村は一八七三年に鳥取県の農家の家庭に生まれ、小学校卒業後、鳥取高等小学校を経て鳥取県尋常師範学校へ進む。師範学校卒業後は自らの母校である因幡高等小学校（旧鳥取高等小学校）に訓導として勤め始めるが、その年の六月に開催された東京音楽学校校長の村岡範為馳による「音楽とは音響であって、人を感動させるものである」という講演に影響を受け、林重浩や永井幸次と一緒に東京音楽学校に入学する。卒業後は東京音楽学校兼高等師範学校助教授として附属小学校の子どもたちに音楽を教えるが、当時の学校で使われていた『小学唱歌集』の難解さを痛感する。『小学唱歌集』はすべての歌詞が「文語」であり、明治二〇年代以降には、その歌詞への批判が徐々に起き始めていた。[44]

田村は『小学唱歌集』の問題を解消すべく、学習院教師の納所弁次郎との共編で、話し言葉に近い文体の歌詞を使った『教科適用　幼年唱歌』全一〇巻を、一九〇〇年から一九〇二年にかけて刊行する。これが「言文一致」すなわち話し言葉と書き言葉の一致した唱歌として当時の教育界に決定的な影響を与えるものとなった。続いて田村と納所は『教科統合　少年唱歌』、『諸教科統合　尋常小学唱歌』などの教科書を相次いで出版し、「言文一致」唱歌と「教科統合」は不動のものとなる。ちなみに田村の意図する「教科統合」とは、例えば「桃太郎」などの同じ題材を各教科で扱うことによって、その題材に対する子どもの理解を深めるものである。

現代の日本においては、一九九八年一二月の学習指導要領改訂により「総合的な学習」の時間が設置され、総合的な学習カリキュラムの編成と実践が行われている。これは「各教科、道徳、外国語活動及び特別活動で身に付けた知識や技能等を相互に関連付け、学習や生活において生かし、それらが総合的に働くようにすること[45]」という指導計画作成における配慮次項からも分かるように、戦前の「教科統合」を一源流としたものである。

しかしながら明治期の唱歌教育における「教科統合」を論の中心に据えた研究はこれまでほとんど存在しておらず、その最初期を考察することは、現代の音楽科教育がどのように「総合的な学習」と関わっていくかという問題を考える上での手がかりの一つにもなると考えられる。

ヘルバルト主義における「中心統合法」

日本の「教科統合」においては、一九世紀前半におけるドイツの教育学者ヨハン・フリードリヒ・ヘルバルト（Johann Friedrich Herbart）の理論を基に発展した「中心統合法」が基になっている。では「中心統合」とは何か。教育学者の尾島卓は「総合的な学習」にも言及して以下のように解説する。

ドイツの教育学者であるチラーが提唱した教科構成方法。それぞれの教科で学ばれた知識や技能が、子どもの中で秩序なくバラバラなままである。このような状況が、子どもの人格「まるごと」の発達にとって悪影響を及ぼすということは、先に教育課程審議会から出された『中間まとめ』（一九九七年）で、「これまでの教科の枠を超えた横断的・総合的な学習」の充実が強調される以前から、これまで多くの人々によって指摘されてきた。「中心統合法」は、この問題状況を克服しようとしたものである。教科の枠をとりあえず残しながらも、中心となる教科（チラーの場合は宗教・歴史・文学）にその他の教科（自然科学・数学・図画・地理・体操・手工・唱歌など）を関係づけて配置していくことによって知識・技能を統合する学習が目指される。[46]

ヘルバルトは、元来、教育の手段であった生徒の知的な「興味」を教育の目的に位置付け、多方面への「興味」の育成によって、生徒の道徳的性格の形成に結びつけることを論じているが、この「多方興味」が教育内容の選定と結びつき、そして多方性に基づいて選択された教材が道徳性によって統合的に組織されるという論法こそが、後のヘルバルト主義教育による「中心統合」理念の原型となっている。

ヘルバルトの教育理論を実践に移そうとしたトゥイスコン・ツィラー（Tuiskon Ziller、上記引用文におけるチラー）は、このことについて以下のように述べている。

各教授段階に対して、各学年に対して、一つのまとまった思考が、しかも道徳的-宗教的教育目標のために一つの心情教材が、統合する中心として設定され、それのまわりに、他のすべての教材がとりまいておかれ、そしてあらゆる面に向って結合する糸が、それからのびており、その糸によって、子どもの思想圏のさまざまな部分が、たえず合一されー しょ〔絶えず合一され、一緒〕にされなければならない。このようにして教授は、個々の学科のバラバラではなくなるのである。[47]

このようにツィラーは、意識の統一のためには、教科そのものがバラバラではなく、中心を持って統合された形で与えられなければならないと考えた。ここから「中心統合」という思想が生まれ、発展していくことになるが、ツィラーの「中心統合法」において音楽は、ほとんど重要性のないものと見なされていた。また教材においては「心情教材」すなわち宗教的教材、歴史的教材を中心に据え、他の諸教材を周りに配置するという方法をとっている。[48]

具体的な「心情教材」としては、一年で「グリム童話」(内容として《藁と墨と隠元豆》、《狼と七匹の子ヤギ》、《雌鳥の死んだ話》、《狼と狐》、《ブレーメンの音楽隊》など)、二年で「ロビンソン物語」、三、四、五年で「旧約聖書」からの歴史と宗教改革以前の「ドイツ史」、六年で「キリストの伝記」と「宗教改革史」や「フリードリヒ大王」など、七年で「新約聖書」からの《使徒の伝記》、八年で「近代世界史」という、人類の発達史をたどるものである。[49]

特筆すべきは、一年の「グリム童話」と二年の「ロビンソン物語」が、単なる物語として低学年に配置されていたわけではなく、宗教的教訓の導入であったということだろう。ツィラーの教材における「グリム童話」にキリスト教的要素が多々含まれていることが、思想史学者の坂本麻裕子によって分析されており[50]、同じく「ロビンソン物語」もキリスト教書籍として評価されるものである。[51]

しかしこれらの教材集は、科学や技術に関する教科を重要視せず、「心情教材」の優位性を強調し、教科の自律性が奪い去られてしまったため、ツィラーの「中心統合法」とその教材は、必ずしも同時代の学校教育において普及しなかった。[52]

ツィラーの「中心統合」をさらに理論的に進歩させたと言われるのはヴィルヘルム・ライン（Wilhelm Rein）である。彼はツィラーの失敗を踏まえ、まずは教科の二大領域として「人間の生活」、「自然の生活」を明らかにした。前者は「歴史学、人文学的教科」で、後者が「自然科学的教科」である。ラインはこの二つを分けることによって、ツィラーの受けたような批判をかわし、音楽が対象として含まれる「人間の生活」に関しては、さらに、中心的な「心情教授」と補完的な「技能教授」の教科群に分けた。「心情教授」では、聖書、教会史、普通歴史、詩歌などがそこに含まれ、「技能教授」においては、音楽、図画、模型などのいわゆる芸術系の教科が配置される。[53]

そして「心情教授」における詩歌は「技能教授」と関連することが示されているが、これは楽曲の歌詞を想定したものであり、ラインはツィラーと比べて音楽を重要視していたということが言えよう。具体的な教材集として、ラインは『第一学年』を一八七八年に共同執筆の形で刊行しており、これは前半が理論編、後半が各教科に関する実践編という構成である。さらにラインは実践編のみの『第二学年』から『第八学年』まで全八冊を出版した。ここには音楽における教材楽曲として、全一三四曲（①一二曲、②一五曲、③一二曲、④一八曲、⑤二一曲、⑥一八曲、⑦二〇曲、⑧一八曲）の唱歌が掲載されている。[54]

ラインは「心情教材」においてツィラーの教材観を受け継ぎ、例えば『第一学年』では「グリム童話」、『第二学年』で「ロビンソン物語」を扱っている。唱歌に関しても「中心統合」を反映し、『第一学年』の全一二曲中一一曲、『第二学年』の全一三曲中一一曲がそれぞれの話と関連したものである。この八冊の教科書は『第一学年』から『第四学年』までが波多野貞之助と佐々木吉三郎の共訳で一九〇二年から一九〇五年にかけて同文館より出版されている。時期的に見ても、田村がこれを『教科適用　幼年唱歌』の直接の参考にしているとは考えられないが、[55]ここで例として、『第一学年』の第九曲《垣上の猫》の歌詞を記しておきたい。

垣の上に居るものは、誰だ、誰だよ、何者だ、ファリラム（拍子の音）！　猫がかくれて居るわいな、ファリラム、おー雀子よ、気をつけよ、猫に獲られちゃ詰らない、ファリラム。[56]

一見すると何について歌ったものであるか不明瞭だが、歌詞の横に「ブレーメンの市街音楽者の中で、最も狡猾で、而かも、最も危険なものに就いての歌を教えませう」という目的が書かれており、《ブレーメンの音楽隊》における猫を歌ったものであるとわかる。また同じく「グリム童話」の《穀物の穂》という話に関連する第七曲《収穫の感謝の歌》では、キリスト教的な歌詞も含まれている。以下に歌詞を記す。

おお、主なる吾等の神よ、世界を大なる家と見ば、主は此家の父ならん、足らはぬ限のなきまでに、恵みたまえる賜物を、何にたとえて感謝せん。[57]

二曲の歌詞を記したが、ここで注目すべきは唱歌単独だと物語性がないということである。つまりラインの教科書においては、あくまで中心に「心情教材」があり、唱歌はその内容を補強するものであったに過ぎないと言えよう。

その「心情教材」としての「グリム童話」は、周知のようにヤーコプ（Jacob）とヴィルヘルム（Wilhelm）のグリム兄弟が一八〇〇年代にドイツ中部の村々で収集した童話をまとめたものである。一八一二年の初版から一八五七年の第七版まで版を重ねて、最終的には二一〇もの童話が集められている。グリム兄弟がこのような形で童話を収集した目的は、民族意識の高揚、すなわちドイツの文化的アイデンティティの創出にある。当時のヨーロッパではナポレオン（Napoléon）が台頭し、群小国家が多数存在していたドイツにおいては統合された「ドイツ」が存在していなかった。ドイツ民族に古くから伝わる童話を収集することは、ドイツのさまざまな種族間の連帯意識を高め、人々に統合された「ドイツ」を希求させることにもつながった。すなわちヘルバルト主義教育における「中心統合」には、「道徳的‐宗教的」な教育目的と同時に「ドイツ」的アイデンティティの創出という目的が内包されていた。

以上、考察を行ってきたドイツ・ヘルバルト主義における「中心統合法」は、日本で一八九一年に公布された「小学校教則大綱」第一条において、「各教科目ノ教授ハ其目的及方法ヲ誤ルコトナク互ニ相連絡シテ補益センコトヲ要ス」という記述で取り入れられた。

田村と「教科統合」

以下においては、これまでのヘルバルト主義についての考察を踏まえ、田村によって編纂された唱歌教科書について分析していきたい。

まず、田村による最初の教科書である『教科適用　幼年唱歌』は「尋常小学科第一学年より、高等小学科第四学年」を対象としたものである。その緒言には、「題目は尋常科にありては、専ら修身、読書科に関係を有する。事実、又は四季の風物に因みて之を取り、高等科にありては、更に地理、歴史、理科等、其他の教科に関係を有する事実を選び、以て各教科の統一を完からしめんことに勗めたり[58]」という記述が存在し、題名の「教科適用」とも合わせて他教科との関連性を示唆する。さらにその編纂背景に関して、田村は以下のように記述する。

> この小学唱歌集三冊の教材は、中等學校も小學校も、等しく之を採用してゐたので、筆者は明治廿九年来、兵庫縣師範校在職當時から、既に是等教材の大部分は、小學児童に不適当であると気付いてゐた。〔中略〕歌詞・

曲節の難解・高雅なるは、今更申す迄もない。於是、自分は明治二十九年の秋頃、英・米・獨・佛の小學校唱歌書類を取寄せ、備さに其内容調査をして見た。すると、直ちに其歌詞・曲節に対して、児童には児童の詩がある、曲節も亦同様である。と云ふことを悟ったのである。[59]

「明治二十九年」とは『幼年唱歌』初編上巻出版の四年前、すなわち一八九六年だが、そのさらに二年前の一八九四年に谷本富によるヘルバルト主義教育の教授書『実用教育学及教授法』がすでに出版されており、その「唱歌科教授法」という章では「中心統合」を反映した教材論が、「不道徳なものや児童に不適当なものは禁じ、詩的妙味がない教訓歌も除外しなくてはならない」という意味合いの言説を交えて記述される。[60]また、『幼年唱歌』初編上巻が出版される一九〇〇年までには森岡常蔵や樋口勘次郎や元橋義敦らによって、唱歌教育論を含んだヘルバルト主義に基づく教授書が執筆されており、音楽科は特に修身や読本との関係が親密であることが指摘されている。[61]

さらに、森岡と樋口は現在の唱歌教育の歌詞が難解かつ高尚過ぎて子ども向きでないことも指摘しており、これは言文一致唱歌へと繋がる言説であろう。田村の弁に依れば、イギリスとアメリカとドイツとフランスの唱歌集を調査する中で「児童には児童の詩がある」ということに思い至ったわけであるが、ここに至った理由としては、それ以外に上記のような日本におけるヘルバルト主義教授書の影響もあるのではなかろうか。田村は後年の述懐で、『幼年唱歌』の編纂にあたって以下のような立案を纏めていたことを記している。

(イ)歌詞曲節共に、児童の趣味に適合さしたものであらねばならん。そこで、語句は國語読本の程度に準じ、詩想は児童の思想界を標的として作り、曲節はその音程音域の如何に鑑みて、これを各学年の程度に配当すべきものであると考へた。

（ロ）題目及び事実は、諸教科との連絡統一を図らんことに力め、そこで、当時最も広く行はれて居る国語読本及び修身書を調査して、その中より多数の題目を採用すべきものであると考へた。それ故に、童話唱歌も加入した次第である。[62]

ここには「童話唱歌」という単語が登場するが、田村はラインの「グリム童話」を題材とした唱歌をそのまま採用したわけではなかった。ここで田村の言う「童話」とは、《金太郎》や《桃太郎》などのいわゆる「日本昔話」のことである。この改変にこそ「教科統合」における広義の「翻訳」、すなわち「日本化」ということが見出せるが、これは必ずしも田村の発案ではない。

一八九〇年に初代文部相の森有礼によって「小学校令」の改正が行われ、それに基づいて「小学校教則大綱」が公布された一八九一年以降、「グリム童話」はヘルバルト主義教育を経由して日本に受容されてきた。先に言及した樋口は、一八九八年から三年にわたって『修身童話』を編纂したが、それは「日本昔話」と「グリム童話」が併載され、徳目の注釈が付けられた形式をとっていた。[63]

『修身童話』第一巻の自序において樋口は、グリムの昔話が尋常小學一年級の修身教授教材として児童の理解に適しているということを記述している。つまり「グリム童話」を文学ではなく昔話と表現し、修身教授材料として捉えていたのである。樋口はその後《桃太郎》、《猿蟹合戦》、《花咲爺》等を「グリム童話」と比較し、我が国の昔話も教材にしようと考えたと述べている。

ちなみに「日本昔話」について見るならば、読本の場合には一八八六年頃から題材として散見され始め、一八八七年出版の文部省編纂『尋常小学読本』においてはすでに《桃太郎》、《猿蟹》、《こぶ取》、《大阪の蛙と京都の蛙》

などの昔話が掲載されている。[64] しかし修身の場合、そもそも最初に教科書が出版されたのが教育勅語発布翌年の一八九一年と遅く、さらに樋口が『修身童話』序文で昔話の修身への利用に対する批判に反論せざるを得なかったように、必ずしも修身における昔話の教育的価値が理解されてはいなかっただろう。

ここで『幼年唱歌』に話を戻したい。そこでは歌詞の内容と対応する教科が「教授上一般の注意」として記されており、例えば《金太郎》、《桃太郎》、《友》、《猿蟹》、《浦島太郎》、《花咲爺》、《舌切雀》などは修身、《お月様》、《池に金魚》、《蜻蛉》、《鷲》などは理科、《大寒小寒》は算数、《金鵄勲章》は観察科に関係を有するものであることが記されている。

有名な《桃太郎》や《花咲爺》などは樋口の『修身童話』にも掲載されているが、「グリム童話」の《狼と子犬》と併載された《桃太郎》では忠孝、大志、公益、義勇、奉公などの徳目が、また《星の金子》と併載された《花咲爺》では博愛、窒欲（恭倹）、報恩、因果應報などの徳目が挙げられている。それではこの二つの昔話を題材とした『幼年唱歌』における唱歌はどのような歌詞なのであろうか。以下に二曲の歌詞を続けて記述する。

初編上巻第六《桃太郎》

一　モモカラウマレタモモタロー、キハヤサシクテチカラモチ、オニガシマヲバウタントテ、イサンデイヘヲデカケタリ

二　ニッポンイチノキビダンゴ、ナサケニツキクルイヌトサル、キジモモラウテオトモスル、イソゲモノドモオクルナヨ

三　ハゲシイイクサニダイショーリ、オニガシマヲバセメフセテ、トツタタカラハナニナニゾ、キンギンサンゴアヤニシキ

四　クルマニツンダタカラモノ、イヌガヒキダスエンヤラヤ、サルガアトオスエンヤラヤ、キジガツナヒクエンヤラヤ

初編下巻第二《花咲爺》
一　ウラノハタケデポチガナク、ショージキヂイサンホッタレバ、オホバンコバンガ、ザクザクザクザク
二　イジワルヂイサンポチカリテ、ウラノハタケヲホッタレバ、カワラヤカヒガラ、ガラガラガラガラ
三　ショージキヂイサンウスホッテ、ソレデモチヲツイタレバ、マタゾロコバンガ、ザクザクザクザク
四　イジワルヂイサンウスカリテ、ソレデモチヲツイタレバ、マタゾロカヒガラ、ガラガラガラガラ
五　ショージキヂイサンハヒマケバ、ハナハサイタカレエダニ、ホービハタクサン、オクラニイッパイ
六　イジワルヂイサンハヒマケバ、トノサマノメニソレガイリ、トウトウローヤニ、ツナガレマシタ

ラインの教科書における唱歌と比較してまず気付くのが、唱歌単独でそれぞれの話の筋をある程度理解できるということである。前述のように『幼年唱歌』の緒言では「各教科の統一」という目的が示されているが、それはヘルバルト主義における「中心統合」とは異なる文脈に基づいている。すなわち「中心統合法」においては、あくまで「心情教材」が中心であり、唱歌はその道徳的で宗教的な目標の達成を支持する補完的役割を与えられていたに過ぎない。これに比べて田村の考える「教科統合」は、同じ題材を各教科で扱うことによって、その題材に対する子どもの理解を深めるものと見なすことができ、したがって、そこにおける唱歌の役割は「中心統合法」と比べて、より大きいと言えよう。

ここまでの結論として、一九世紀のドイツにおける「宗教的-道徳的」な教育目標とドイツの文化的アイデン

ティティという両面を併せ持ち、あくまで「心情教材」を中心に据えたヘルバルト主義における「中心統合法」と、明治期の日本における教科間の相互連絡による題材のより深い理解を目的とし、修身との関連付けによって徳育的な面も内包している「教科統合」という比較構図を得ることができた。

また、「心情教材」としての「グリム童話」が、日本の文脈においては修身題材としての「日本昔話」に改変されたということも近代化における「日本文化の連続」という観点から興味深い。先の記述ではこれを「西洋文化の受容と改変」であるとしたが、そもそも「中心統合」から「教科統合」への改変自体が、日本の文脈に合わせた改変であるとも見なせるだろう。なぜなら「教科統合」においてはキリスト教的な要素をなくし、「教科間の統一」ということを前面に掲げることで、より国民形成に唱歌を利用しやすくなっているからである。

田村の教材観については、「児童には児童の詩がある」という言葉から、それまでの唱歌教育より美的に高いものと認識しがちだが、『幼年唱歌』における多くの楽曲が徳育的な内容を持っており、「言文一致」はむしろその徳目を、より効果的な形で子どもに教授したとも言える。同時期に田村が編纂した唱歌集として一九〇三年の『公徳義成　国民唱歌』というものが存在し、標題からもわかるように非常に徳育的なこの唱歌集に鑑みると、田村は徳育や愛国教育に熱心な人物であったと見なすこともできるだろう。

『教科統合　少年唱歌』の歌詞分析

『教科統合　少年唱歌』は田村と納所により、一九〇三年から一九〇五年にかけて編纂された全八編からなる唱歌教科書であり、その序文では「『幼年唱歌』と同主義を以て編纂したるもの」で、「高等（小学校）第一学年より同第四学年」が対象であることが記述されている。[65]

この教科書の特徴として、前章で論じた唐澤の基準に従えば「君が代、忠君愛国」に分類できる楽曲が多いということがある。唐澤の分類基準を参考に分析した結果、全八〇曲中、一七曲〔①-7、②-2、②-7、②-9、②-10、③-5、④-4、④-6、④-8、⑤-2、⑤-10、⑥-7、⑦-4、⑦-9、⑧-4、⑧-7、⑧-9〔数字は巻数-曲番号の順〕〕が「君が代、忠君愛国」に当てはめられた。これは本章第1節で扱った『明治唱歌』よりずっと高い割合であり、前章の『小学唱歌集』に近い。さらにそれらの楽曲のうち②-7、②-10、⑥-7、⑧-9を除いた一三曲が「翻訳唱歌」である。その中の原曲歌詞を参考にして作られたと見なせる楽曲の歌詞について、以下にその比較分析を掲載したい。

第四編第四《軍隊歓迎》

一 遠音に響く、伴の男達を、迎へ祝ふけふぞ、鬼にもまさる、益荒男たちを、迎へ歌ふいまぞ、国家の事には、身を捧ぐ、壮快や、雄々しや、我等も他日は、然こそ成らめ、いさましや、をゝしや。

二 軍隊の装束の、厳然、猛然、宜も怖る敵は、思へば、もとは、兄弟、同胞、同じ国の、み民、国家のためには、身を殺す、壮快や、雄々しや、人たるものは、斯ぞあらん、いさましや、をゝしや。

The Battle Cry of Freedom[66]

1 Oh, we'll rally 'round the flag, boys, we'll rally once again, Shouting the battle cry of freedom ; We will rally from the hillside, we'll gather from the plain, Shouting the battle cry of freedom. (The Union forever, Hurrah, boys, hurrah ! Down with the traitor, Up with the star, While we rally 'round the flag, boys, rally once again, Shouting the battle cry of freedom !)

2 We are springing to the call of our brothers gone before, Shouting the battle cry of freedom, And we'll fill our

vacant ranks with a million freemen more, Shouting the battle cry of freedom!（refrain）

3 We will welcome to our numbers the loyal, true, and brave, Shouting the battle cry of freedom, And although they may be poor, not a man shall be a slave, Shouting the battle cry of freedom!（refrain）

4 So we're springing to the call from the East and from the West, Shouting the battle cry of Freedom, And we'll hurl the Rebel crew from the land that we love best, Shouting the battle cry of freedom.（refrain）

《自由の叫び》

1 そう、我らは旗の下に集結しよう、少年たちよ、我らは再び集まる、自由の叫びを上げながら、我らは丘の中腹、平野より集まるだろう、自由の叫びを上げながら！（連合よ永遠なれ！ 万歳、少年たちに万歳！ 反逆者たちを打ち倒し、功績を上げろ。我らは旗の下に集結する、少年たちよ、再び集まれ、自由の叫びを上げながら！）

2 我らは亡き兄弟たちの呼び声に湧き立つ、自由の叫びを上げながら！ そして我らは軍の欠員を満たす、百万を超す自由の民とともに、自由の叫びを上げながら！（繰り返し）

3 我らは仲間たちを歓迎しよう、忠義、誠実、そして勇気、自由の叫びを上げながら！ 彼らは貧しくとも、奴隷になる男ではない、自由の叫びを上げながら！（繰り返し）

4 そして我らは東西からの呼びかけに湧き立つ、自由の叫びを上げながら！ 我らは愛する郷土から反逆者たちを倒すだろう、自由の叫びを上げながら！（繰り返し）

原曲の《自由の叫び》は、南北戦争中の一八七二年にジョージ・フレデリック・ルート（George Frederick Root）

によって作詞された。北軍の愛国歌として歌われたが、改作され、南軍でも使用された。ここに記載したのは北軍のオリジナルである。これに対して唱歌は旗野士良による作詞であり、ほとんど原曲の単語を二連に纏めただけのものに近い。原曲歌詞に類似するものがなく、後付けと見なせる「益荒男」という単語は、『小学唱歌集』でもよく使われている。

第五編第二《軍艦旗》

一　高檣に閃く、旗こそは、いとども畏き、天皇の、たまひし賜物、疎略に、ゆめな汚し、そよ。我君の、御威載せ、我国の、保護負ふ、軍の艦たる、章なれ、ゆめな、けがし、そよ。

二　高檣に閃く、旗影は、さすがに輝く、日の本の、軍艦と見る者、先ずおそる、ああ勇まし、やな。青海の、つづく、はて、白波の、かよふ、くに、何処も射照す、しるしなり、ああいさまし、やんじゃ。

Marching Through Georgia[67]

1　Bring the good old bugle, boys, we'll sing another song, Sing it with a spirit that will start the world along, Sing it as we used to sing it, 50,000 strong, While we were marching through Georgia.（Hurrah! Hurrah! We bring the jubilee! Hurrah! Hurrah! The flag that makes you free! So we sang the chorus from Atlanta to the sea, While we were marching through Georgia.)

2　How the darkeys shouted when they heard the joyful sound, How the turkeys gobbled which our commissary found, How the sweet potatoes even started from the ground, While we were marching through Georgia.（refrain)

3 Yes, and there were Union men who wept with joyful tears, When they saw the honored flag they had not seen for years ; Hardly could they be restrained from breaking forth in cheers, While we were marching through Georgia.（refrain）

4 "Sherman's dashing Yankee boys will never reach the coast !" So the saucy rebels said and 'twas a handsome boast. Had they not forgot, alas! to reckon with the Host, While we were marching through Georgia.（refrain）

5 So we made a thoroughfare for freedom and her train, Sixty miles in latitude, three hundred to the main ; Treason fled before us, for resistance was in vain, While we were marching through Georgia.（refrain）

《ジョージア行進曲》

1 古き良きラッパを持って来い、少年たちよ、もう一つの歌を歌おう。心をこめてそれを歌えば、世界が始まっていく。かつての五万人の兵たちのように歌おう。そして我らはジョージアを横断した。（万歳！　万歳！　祝祭をしよう！　万歳！　万歳！　この旗が君たちを自由にする！　アトランタから海まで皆で歌おう。そして我らはジョージアを横断した。）

2 喜びの音を聞き、黒人奴隷の何と叫んだことか。我々の将校を見て、七面鳥の何と鳴いたことか。何とサツマイモさえ地面から飛び出した。そして我らはジョージアを横断した。（繰り返し）

3 そう、連合の者は歓喜の涙を流す、何年も見なかった名誉の旗を見た時に、叫ばずにいるのは困難だった。そして我らはジョージアを横断した。（繰り返し）

4 「シャーマンの軍団が沿岸に到達できる訳がない！」生意気な反逆者たちは自慢した。だが、彼らは我が軍

の恐ろしさまでは忘れていない。そして我らはジョージアを横断した。（繰り返し）
5 そして我らは自由への道路と鉄道を築いた。幅六〇マイル、長さ三〇〇マイルの道。反逆者たちは我らから逃げた、抵抗は無駄だった。そして我らはジョージアを横断した。（繰り返し）

原曲は、先の歌と同じく南北戦争時に作られた《ジョージア行進曲》である。歌詞は一八六四年のウィリアム・シャーマン（William Sherman）少将による「海への進軍」を題材としている。唱歌の方は同じく旗野士良による作詞で、「旗」と「海」というキーワードを基に「天皇のたまひし賜物」である軍歓旗をテーマとした歌詞へと翻案している。「輝く日本の旗影」ということで、原曲三番を拡大したものと考えられる。

この二曲のように、『少年唱歌』における「君が代、忠君愛国」を歌った唱歌は軍歌調や行進曲調の楽曲を原曲としているものが多く、他にはアメリカ合衆国初代国歌《コロンビア万歳 *Hail, Columbia*》を原曲とし「富ませよ国を、いざ身にかへて」と歌う第三編第五曲《富国強兵》や、フランス国歌《ラ・マルセイエーズ *La Marseillaise*》を原曲とし「進め進め、うてうて」と繰り返す第七編第四曲《進軍》などがある。もともとの歌詞が軍歌調のものであるため、『小学唱歌集』のものよりむしろ「忠君愛国」の度合いが高まった歌詞になっている。日露戦争の前後という編纂の時期も、このことと関係があるだろう。

節のまとめ

以上、本節では田村の編纂した『教科適用　幼年唱歌』と『教科統合　少年唱歌』という二つの唱歌集を分析した。『幼年唱歌』を分析した結果として、ヘルバルト主義の「中心統合」理論が日本に合わせて改変されたものが「教科統合」であったという構図を導き出している。

さらに田村の徳育観や、また、その田村が創始した言文一致唱歌や「教科統合」唱歌の徳育に関わる別の一面についても論じることができた。田村の徳育観については『少年唱歌』の歌詞分析からも読み取ることができ、本節の締め括りとして田村は徳育に熱心な人物だったということが言えるだろう。「言文一致」、「教科統合」の方法は、後の『尋常小学唱歌』でも活用される。

章のまとめ

本章においては「民間製唱歌集における西洋文化の受容と改変」と題し、三節にわたって「検定教科書時代」の民間製唱歌集に関する考察を、それぞれの唱歌集における楽曲歌詞の分析を中心として行った。

第1節では大和田編纂の『明治唱歌』を取り上げ、「高尚の域」をキーワードとして大和田の作詞について論じている。そこには『小学唱歌集』と異なる唱歌作成方法、すなわち「四季の定型化を行わない」、「翻訳する場合でも、無理やり教訓や忠君愛国の要素をあてはめない」、「君が代、忠君愛国に関する歌詞の割合を減らす」、「新体詩の思想に基づいた作詞」などが見られた。

第2節では伊澤の『小学唱歌』について、『小学唱歌集』も考察の対象に含める形で明治期におけるジェンダー観の分析を行った。『小学唱歌』は音楽取調掛長だった伊澤の編纂ということもあり、さまざまな要素が『小学唱歌集』と共通する。しかし、「男子向け、女子向けで巻号を分けている」というのがこの教科書最大の特徴であり、それに基づいて「翻訳唱歌」の分析を行うことで、女子向けの「家」、「花鳥風月」、「勉学」、男子向けの「自己犠牲」という明治期のジェンダー要素、また、「国のために戦う男性像」、「賢母としての女性像」を見出すことができた。イギリスの写真家ポンティングが目撃したように、実際このジェンダー観に基づいた教育が行われていたというのが大変興味深い。

第3節では田村の編纂した二つの唱歌集を分析した。まず『幼年唱歌』の分析では、ヘルバルト主義の「中心統合」理論が日本の文脈において改変されたものが「教科統合」であったという構図を導き出している。続いて『少年唱歌』の「翻訳唱歌」を中心とした分析を行うことによって田村の徳育観を論じ、節全体で田村が創始した言文一致唱歌や「教科統合」唱歌の別の一面を導き出すことができた。

この時代の唱歌教科書は、官製である『小学唱歌集』を手本として、検定に耐えうるような編纂がなされているため、基本的な曲のつくりやペスタロッチ主義における段階的学習の考えなど、『小学唱歌集』との共通点も多くあるが、編者の意図の違いにより、『明治唱歌』の美感重視や『幼年唱歌』の「言文一致」など、それぞれの特徴も出てきている。この点において本章で扱った「検定教科書時代」は、さまざまな要素が唱歌教育に取り入れられた時期だったということが言えよう。

第5章　明治期を通じた唱歌教育の発展と「翻訳唱歌」

第1節　『尋常小学唱歌』における結実

節の導入

前章で論じたように、教科書検定制度によってさまざまな民間製唱歌教科書が誕生した。しかし、一九〇二年の一二月に「教科書疑獄事件」が起こる。

そもそも一八八六年に始まった「検定教科書時代」における教科書の採択方法については、一八八七年三月に「公私立小学校教科用図書採定方法」が定められ、地方長官が審査委員を任命して採択を決定することになった。「審査委員の構成はその後しばしば変更されているが、地方の教育関係の首脳に位置する人々が参与した。しかし府県一律採択のこの制度が審査委員と教科書会社との間に贈収賄事件を引き起こし[1]」た。これが教科書疑獄の顛末である。

この事件がきっかけとなり、文部大臣の菊池大麓は教科書の国定化を断行する。菊池は閣議および枢密院の諮詢を経て、一九〇三年四月に「小学校令」の改正を行い、「小学校ノ教科用図書ハ文部省ニ於テ著作権ヲ有スルモノタルヘシ」と規定し、小学校教科書の国定制度を確立した。

この制度に従い、教科書の国定化がまずは修身、国語、地理、歴史の四教科から開始され、算数、理科、図画、工作などが遅れてそれに続く。これはこの時期、最初に挙げた四教科が重要な科目とされていたことのあらわれでもある[2]。

唱歌教育について言うならば、国定教科書は一九四一年に「芸能科音楽」の教科が誕生するまで存在していいなかった。しかし一九〇七年の「小学校令」改正によって、義務教育が尋常小学校での六年間となり、また、それまで任意教科であった「唱歌」が初めて小学校の必須教科となる。

その流れにおいて、国定ではないものの、文部省編集で国定教科書に準ずる『尋常小学読本唱歌』（一九一〇）と『尋常小学唱歌』（一九一一-一九一四）が刊行された。前者の『尋常小学読本唱歌』は一巻のみ作られた言わば試作の教科書であり、楽曲は全て後者の『尋常小学唱歌』に引き継がれている。

『尋常小学唱歌』における歌詞の考察

『尋常小学唱歌』は、第六学年までの全六巻一二〇曲仕立てであり、文部省著作という信頼を背景に、ほとんどの尋常小学校で使用された[3]。現在の日本の小学校における「音楽科」では、「歌唱共通教材」として一学年ごとに四曲が設定されているが、二四曲中一五曲がこの『尋常小学唱歌』からの出典である。それゆえこの教科書は、現代日本の音楽教育や音楽文化にも大きな影響を与えていると見なすことができる。その意味でもこの教科書は、近代日本における唱歌教育史上、最重要のものと言えよう。音楽教育学者の上原一馬は『尋常小学唱歌』の特色を以下の六つに纏めている。

（一）児童の発達に応じ曲が段階的に配列されている。
（二）歌詞の題材は修身、国語、歴史、地理、理科、実業等各教科と関連した教材を採用している。
（三）作詞、作曲ともに当時の第一人者によって創作されているので、内容は優れているが、やや固苦しい嫌いがある。
（四）全部邦人の作曲を採用し、外国曲はない。

（五）長音階と短音階の曲のみを用い、日本旋法の曲はない。
（六）従来の多くの教科書は本譜と略譜を併用したが、この教科書は本譜のみを用いた。[4]

まず、（三）の作詞、作曲については、作詞者が芳賀矢一、上田万年、佐佐木信綱、武島又次郎、吉丸一昌、高野辰之、八波則吉、尾上八郎の八人、作曲者が湯原元一、上真行、楠美恩三郎、田村虎藏、島崎赤太郎、岡野貞一、南能衛、小山作之助の八人とされている。[5] ここで重要なのは、このメンバーのうちの数人が参加した『尋常小学唱歌』の編纂委員会は、すでに一九〇九年の六月から活動を開始しており、『尋常小学読本唱歌』の発行以前から『尋常小学唱歌』の編纂を行っていたということである。この編纂委員会の動きについては音楽教育学者である岩井正浩の研究に詳しい。[6]

その中で注目したいのが、同編纂委員会が田村編纂の教科書について、「既刊ノ小学唱歌集中田村氏ノ著書ハ比較的完全ニ近シ」として、『尋常小学唱歌』編纂の手本にすることを示唆したということである。これは、田村を中心として展開してきた「言文一致」、「教科統合」の唱歌に対する肯定であった。実際、『尋常小学唱歌』の「歌詞の題材は修身、国語、歴史、地理、理科、実業等各教科と関連した教材」から採用されており、口語体で作詞されている歌詞も多く見られる。例えば第一学年の巻より《桃太郎》について、その歌詞を以下に記載する。

第一学年第九《桃太郎》[7]

一　桃太郎さん桃太郎さん、お腰につけた黍団子、一つわたしに下さいな。
二　やりませうやりませう、これから鬼の征伐に、ついて行くならやりませう。
三　行きませう行きませう、あなたについて何処までも、家来になつて行きませう。

四　そりや進めそりや進め、一度に攻めて攻めやぶり、つぶしてしまへ鬼が島。
五　おもしろいおもしろい、のこらず鬼を攻めふせて、分捕物をえんやらや。
六　ばんばんざい、万万歳、お伴の犬や猿雉子は、勇んで車をえんやらや。

作曲は、《故郷》で知られる岡野貞一による。『幼年唱歌』でも同じ題材が扱われているが（前章一七九–一八〇ページ）、口語体の会話調という点で、こちらの《桃太郎》の方がむしろ「言文一致」の理想により近いのではないか。このような、国語に題材をとった「物語唱歌」は、第一学年と第二学年の巻で多く取り上げられている。

逆に、高学年になるにつれて「忠君愛国的」であったり「教訓的」な歌詞内容の唱歌が増えており、これは上原の言う「児童の発達に応じ曲が段階的に配列されている」ということとも結びつくだろう。しかし、国語学者の金田一春彦はこの《桃太郎》という唱歌について、「『幼年唱歌』の《モモタロウ》にはりあったもの。〔中略〕この歌詞は侵略戦争賛美の精神をあらわに出しすぎた」[8]と酷評している。そもそも前章における田村の教科書についての考察でもわかったように、「言文一致」や「教科統合」は、歌詞の徳目を、より強い力をもって子どもたちに教授するためのものという側面を持っていた。

『尋常小学唱歌』の編纂会議より以前、『尋常小学読本唱歌』の編纂に当たっては、新体詩の懸賞募集が行われた。一九〇八年一二月の官報七六四七号に掲載された「懸賞募集新体詩審査報告」では、上田万年や大和田建樹を含む一〇人が審査を行ったことや、応募数は一、四二一におよび、その中から一等が二点、二等が三点、佳作一七点の合計二二点が選ばれたことが記されている。

その中から実際に三点が選ばれて、手直しを施された上で『尋常小学読本唱歌』に掲載されており、必然的に『尋常小学唱歌』にも掲載された。その一つが《三才女》である。以下に歌詞を記したい。作詞は石原和三郎によるもの（文献によっては芳賀矢一作詞の記述が見られるが、これは編集委員の芳賀が手直しを行ったためと考えられる）。

第五学年第一一《三才女》

一　色香も深き紅梅の、枝にむすびて勅なれば、いともかしこしうぐひすの、問はば如何にと雲ゐまで、聞え上げたる言の葉は、幾代の春かかをるらん。

二　みすのうちより宮人の、袖引止めて大江山、いく野の道の遠ければ、ふみ見ずといひし言の葉は、天の橋立末かけて、後の世永く朽ちざらん。

三　きさいの宮の仰言、御声のもとに古の、奈良の都の八重桜、今日九重ににほひぬと、つかうまつりし言の葉の、花は千歳も散らざらん。

作曲は岡野貞一による。金田一によれば「第一節は紀内侍、第二節は小式部内侍、第三節は伊勢大輔という平安時代の貴族の女性たちが、いずれも即席に歌を詠んだ才智をほめたもの[9]」である。明治期のジェンダー観においては、近世以前の、国家に功労のあった女性が唱歌として歌われることがあり、これもその一つである。

しかし、この唱歌は「三才女」というタイトルと、「平安の女流歌人たち」をそれぞれの連に当てはめた歌詞からして、明らかに『小学唱歌集』の《才女》（前章一五五ページ）の歌詞を雛形にしたものであろう。《才女》は、《アニー・ローリー》という実在の美しい女性に対する恋の歌を、紫式部と清少納言の才智を讃える歌詞に翻案していた。「翻訳唱歌」が形成したその歌の型が、『尋常小学唱歌』の《三才女》に引き継がれたと言える。

また、『小学唱歌集』からの影響ということについては、「君が代を祝う、忠君愛国的」な歌詞を持つ唱歌との関連も大きい。『尋常小学唱歌』の歌詞内容については唐澤富太郎が第三〜六学年の分類を行っており[10]、「1　ナショナリズム、ミリタリズム的色彩の強いもの（君が代と忠君愛国に軍国調のものも含めている）」、「2　自然の風物、季節等をうたったもの」、「3　勤労生活をうたい、殖産を讃えるもの」、「4　教訓的色彩の強いもの」、「5　その他三曲」という分類をしている。

この学年範囲に掲載されている八〇曲のうち、「ナショナリズム、ミリタリズム的色彩の強いもの」は二八曲が含まれており、その割合は五つの分類項目において一番高い。先に述べたように低学年向けの唱歌は多くが口語体で作詞されているが、学年が上がってくると文語体が増え、『小学唱歌集』に類似した歌詞内容の楽曲も多く出てくる。例として第四学年の《靖国神社》の歌詞を記したい。

第四学年第四《靖国神社》

一　花は桜木人は武士。その桜木に囲まるる世を靖国の御社よ。御国の為にいさぎよく、花と散りにし人々の魂はここにぞ鎮まれる。

二　命は軽く義は重し。その義を践みて大君に、命さきげし大丈夫よ。銅の鳥居の奥ふかく、神垣高くまつられて、誉は世々に残るなり。

「大丈夫（ますらお）」や「御国」や「義」や「武士」などの単語は、『小学唱歌集』の「君が代を祝う、忠君愛国的な」唱歌の歌詞においてもよく見られるものである。また、「靖国神社」の前身は「招魂社」、すなわち「招魂祭」を行う場所であり、その点でこの歌詞テーマは『小学唱歌集』の《招魂祭》（第3章一〇九ページ）から受け継がれているとも見なせる。《招魂祭》の「骨は朽ちて、名をぞ残す」という歌詞と、《靖国神社》の「神垣高くまつ

第三学年	歌詞テーマ
1. 春が来た	春
4. 青葉	春，木
6. 汽車	野原，森林，田畑
7. 虹	夏
8. 虫の声	秋
9. 村祭り	秋祭（季語なし）
12. 雁	秋
13. たけがり	秋
14. 霜	冬
18. 近江八景	近江八景

第四学年	歌詞テーマ
1. 春の小川	春
6. 藤の花	春
9. 雲	雲
13. 冬景色	冬

第五学年	歌詞テーマ
2. 舞へや歌へや	春
6. 海	海
7. 納涼	夏
9. 鳥と花	春秋
12. 日光山	山

第六学年	歌詞テーマ
3. 朧月夜	春
7. 蓮池	夏
8. 燈台	燈台
9. 秋	秋
12. 四季の雨	春夏秋冬
15. 新年	正月の情景
17. 夜の梅	春

られて、誉は世々に残るなり」という歌詞は、結局同じことを言ったものであり、『小学唱歌集』の刊行から『尋常小学唱歌』の刊行まで四半世紀たっても変わらないナショナリズムをそこに見ることができる。

また、唐澤によって「自然の風物、季節」に分類されている楽曲について、第3章における『小学唱歌集』と同じやり方で以下にリストを記す。[11]

これを『小学唱歌集』の「自然」に関する歌詞リスト（第3章一一五ページ）と比較してみると、「季節の移り変わり」をテーマとするものがほとんどないことがわかる。

『小学唱歌集』は、歌詞内容を重視して旋律が二の次だったため、「曲と歌詞内容が合っていない曲が多い」という批判を受けがちだったが、『尋常小学唱歌』ではそれを改善して音楽に合わせた歌詞を付けている。その点で『尋常小学唱歌』は、『明治唱歌』における大和田建樹の美感に近いと言えるだろう。例えば現在の「歌唱共通教材」にもなっている《春の小川》について、以下に歌詞を記してみたい。

第四学年第一《春の小川》

一　春の小川はさらさら流る。岸のすみれやれんげの花に、にほひめでたく色うつくしく、咲けよ咲けよとささやく如く。

二　春の小川はさらさら流る。蝦やめだかや小鮒の群に、今日も一日ひなたに出でて、遊べ遊べとささやく如く。

三　春の小川はさらさら流る。歌の上手よ、いとしき子ども、声をそろへて小川の歌を、うたへうたへとささやく如く。

この曲は《故郷》の作詞、作曲者とされる高野辰之と岡野貞一の作詞、作曲によるものだが、「すみれ」や「れんげ」は春の季語でも、「めだか」は夏の季語である。「春の小川」という言葉から春の情景であることは間違いなく、季語に固執せずに作詞を行っていることが窺える。『明治唱歌』の《遊歩の庭》（前章一三九ページ）にも、季節の異なる季語が入り混じっており、その点で『尋常小学唱歌』は『明治唱歌』と同じく「日本の美」を定型化してわかりやすくすることにこだわっていないと見なせる。

また、大和田が中心となって唱歌に取り入れた新体詩であるが、『尋常小学唱歌』には七五調の唱歌が多く含まれており、その効能として、人々の意識に、より歌詞内容を刷り込みやすいということがある。その一例として、第二学年の巻より《富士山》の歌詞を以下に記す。

第二学年第一二《富士山》

一　あたまを雲の上に出し、四方の山を見おろして、かみなりさまを下に聞く、富士は日本一の山。

二　青空高くそびえ立ち、からだに雪の着物着て、霞のすそを遠く曳く、富士は日本一の山。

読点で区切られているのが七五のかたまりであり、その句格から外れる部分もない。例として、現代に生きる我々は、日本一の山と聞かれると即座に富士山を連想できるが、日本一の川と問われて同じように信濃川を思い浮かべはしない。[12]これはやはり、「歌唱共通教材」に含まれている《富士山》(歌詞もこのまま歌われている)の歌詞イメージが、我々にうまく刷り込まれているということが大きいのではなかろうか。

節のまとめ

『尋常小学唱歌』は、それ以前の唱歌で見られた「徳育」や「君が代、忠君愛国」、「教科統合」や「言文一致」、「ジェンダー」や「美感」などの要素が内包されており、明治期唱歌教育の言わば集大成でもあった。本節の最初のほうで言及した『尋常小学唱歌』の特色の(四)すなわち「全部邦人の作曲を採用し、外国曲はない」ということについては、『小学唱歌集』から四半世紀を経て、やっとそれが可能になっていたという言い方もできる。

そもそも『小学唱歌集』の楽曲がほとんど「翻訳唱歌」で構成されていたのは、編纂当時、西洋音楽の作曲をできる日本人はほとんどいなかったということが大きかった。明治から大正に移るこの時期に至って、音楽取調掛設立当初の伊澤修二の目標、すなわち「東西二洋の音楽を折衷シテ新曲ヲ作ル事」、「将来国楽ヲ興スベキ人物ヲ養成スル事」という二つの目標がようやく達成されたと言えよう。

第2節　結びに代えて

本書は、「翻訳唱歌」の比較分析を中心として、明治期の唱歌教育を概観するものであり、言わば唱歌教育における「翻訳唱歌」の影響力を体系的に纏めた初めての研究である。

第2章で論じたように、明治期の日本における国民形成の特徴は「日本文化の連続性を重視」したことであり、「翻訳」や「改変」、もしくは「土着化」などと呼ばれるようなやり方で、うまく西洋文化を日本へ同化していったとされているが、「翻訳唱歌」ほどその言説に当てはまるものはないように思われる。「翻訳唱歌」が唱歌教育に与えた影響としては、やはり唱歌の「型」を作ったということが一番大きいだろう。

本章第1節で扱った『尋常小学唱歌』は、明治中期に西洋音楽教育を導入し、全くのゼロからスタートした日本人が、日本の伝統も生かしつつ「翻訳唱歌」を自国文化として同化して行った末の到達点であり、そこには西洋文化を自国文化に取り入れ日本化していった明治という時代の記念碑的な意味合いもあるように思う。国民国家としての日本は日清、日露戦争での勝利を経て、その確立にたどり着いたが、唱歌教育もそれに続いて確立に至ったと言える。

初めは「当分之ヲ欠ク」とされていた唱歌教育だが、明治末年においてはその輪郭がかなり明確になってきており、それは一言で言うならば「徳性ノ涵養」に基づく唱歌教育の内容と方法であった。これまでの唱歌教育研究においても、唱歌教育の最初期から一貫して「徳性ノ涵養」のための唱歌教育という表現がなされてきた。もちろんその時期の学校教育自体が「徳性ノ涵養」、すなわち徳育に基づいて行われていたものであり、唱歌教育もそれと不可分なのは確かであった。しかし、その「徳性ノ涵養」の具体的な中身、唱歌によってどのように徳育を行ったのかということについての研究は、十分に行われているとは言えなかった。本書では、その点の解明についても、ある程度の寄与ができたように思う。

第1章で明治期の唱歌教育研究における三つの問題点を挙げた。①論点が『小学唱歌集』を含めた最初期に集中し、その後どのように発展していったのかという視点が不足していること。②唱歌楽曲の歌詞分析が十分に行われていないということ。③日本国内の事象のみが着目され、西洋との比較考察が十分ではないこと。

①については第4章「民間製唱歌集における西洋文化の受容と改変」を執筆することで、『小学唱歌集』と『尋常小学唱歌』の間の「研究が行き届いてない期間」に関する基礎資料を拡充できたように思う。明治期唱歌教育の研究においては『小学唱歌集』と『尋常小学唱歌』に論点が集中しがちであり、そのため二つの唱歌集の関連性を分析したり、もしくは明治期の唱歌教育を後の時代における唱歌教育と結びつけて論じることが難しくなってしまっていた。本書では『小学唱歌集』と、『小学唱歌集』の影響を受けた民間製唱歌教科書の分析を行い、それらと結びつける形で『尋常小学唱歌』を論じた。明治期を通じた唱歌教育の発展について考察できたと考えている。

②については『小学唱歌集』の比重が大きくなってしまったが、それでも『小学唱歌集』歌詞と「季語」に関する新しい知見など、得たものは多かった。民間製唱歌教科書についても、『明治唱歌』における作詞の特徴を導き出すことや、『小学唱歌』におけるジェンダー観に視点を置いた歌詞分析はこれまでの唱歌研究で行われていなかったことである。右記の①とも重なることだが、それらの歌詞分析を『尋常小学唱歌』の歌詞分析と結びつけることにより、明治期の唱歌教育についての新しい視点を提示することができた。

③については、第2章第2節で論じた「コントラファクトゥーア」と「翻訳唱歌」、第3章第2節で論じた『小学唱歌集』と『国楽大系』、第4章第3節で論じた「中心統合」と「教科統合」、また「翻訳唱歌」とその原曲という本書の中心テーマなど、多くの比較構図を描きだすことができた。例えば「コントラファクトゥーア」は、西洋

における近代化の原動力となった「聖書の翻訳」の文脈の中に位置付けられるが、ここまでの考察から「翻訳唱歌」も日本の近代化における原動力の一つと見なすことができ、そこには西洋と日本の類似点を見出すことができる。「コントラファクトゥーア」や『国楽大系』や「中心統合」など、明治期における唱歌教育の源流、もしくは参考となった西洋の音楽文化については、基本的にどれもキリスト教を背景としている。結論として述べるならば、天皇を中心に据えて近代化を進めていた明治期の日本は、そのようなキリスト教に基づく音楽文化を、自国の文脈に合うように改変して唱歌教育を形成していったのである。

本書で取り扱った時期、すなわち『小学唱歌集』から「検定教科書時代」を経て『尋常小学唱歌』までの時期は、洋楽導入期の混沌とした時代が終わり、ようやく、どのように唱歌を作るかということ、もしくはどのように唱歌教育を推進していくかということの手立てを得て、唱歌教育の関係者と唱歌の作り手が一体となって唱歌教育を展開させていった時期である。それは今日の日本音楽文化につながる大きな一歩でもあった。『尋常小学唱歌』に含まれている曲のいくつかは、先にも述べた「歌唱共通教材」、すなわち今も義務教育で必ず教えられる日本人の「共通文化」となっており、日本人なら誰もが一緒になって歌うことができるという点で、現在の日本においても大変に重要なものである。

その重要性を示す一例として、東日本大震災の後に、『尋常小学唱歌』第六学年第五曲《故郷》が盛んに歌われたことを挙げたい。復興に向けたチャリティ・イベント等では、その締め括りに《故郷》が合唱されることが大変に多かった。[13] また、震災直後の二〇一一年四月一〇日にNHKホールで行われたテノール歌手プラシド・ドミンゴ(Plácido Domingo)のコンサートでは、アンコールの最後に《故郷》が歌われ、三、六〇〇人の観客も一緒に合唱した。[14] さらに二〇一六年の三月一三日に東京オペラシティで行われた東日本大震災復興支援チャリティ・コンサートでは、やはり《故郷》の合唱が行われ、天皇皇后両陛下(現 上皇上皇后両陛下)も一緒に歌を口ずさまれた。[15]

これらの事例からもわかるように、小学校音楽科の「歌唱共通教材」となっている唱歌楽曲は、日本人が一緒になって歌える「共通文化」なのである。震災復興イベントのような場で合唱を行う意義としては、第一に、コミュニティの構成員や国民としての連帯意識を高めるということがあるだろう。その合唱の場で唱歌が歌われるということは、現在の日本においても、日本人としてのアイデンティティ形成と唱歌が結びついているということを示している。

あとがき

本書は二〇一七年三月、九州大学大学院比較社会文化学府に提出した博士学位請求論文「明治期の唱歌教育における翻訳唱歌と国民形成」を改稿したものになります。本書では「翻訳唱歌」を中心とし、「明治」という時代の教育文化面における、国民形成の手法の一端を垣間見ることを目的としました。「明治」のことを扱っていますが、本書は決して純粋な歴史研究の本ではありません。音楽教育学の研究でもあり、またテキストの分析を行うという意味では文学的研究でもあり、さらに国民国家論研究にも関連した、「学際」分野におけるものと考えております。

新しい一次史料を提示していない、自分の足で史料を探したわけではないという点で、音楽史、教育史などをご研究されている先生方からご批判をいただく可能性もあるかと考えておりますが、筆者はそれ以上に、「翻訳唱歌」というこれまで曖昧にされてきたままであったコンセプトに、国民国家論を交えた形でいくらかの定義づけを行うことに意義を感じた次第です。本文中でも触れましたが、『仰げば尊し　幻の原曲発見と「小学唱歌集」全軌跡』における、安田寛先生の「読者は解説を参考にして、別の新しい『解説』を考えたり、書いたりすることができる」というお言葉には大変、勇気づけられました。日本音楽教育学会の全国大会で一度お会いしたのみでしたが、安田先生と、故櫻井雅人先生のご研究なしには、本書の内容は成立しませんでした。この場をお借りして、心からの敬意を表させていただきたく存じます。

本書の刊行にあたっては、日本学術振興会平成三一年度科学研究費補助金、研究成果公開促進費・学術図書（課題番号19HP5247）の助成をいただきました。ここにおいてお礼申し上げます。

本書の元となった博士論文の執筆にあたっては、指導教官の嶋田洋一郎先生から的確なご指導と多大なご厚情をいただきました。筆者は熊本市から九州大学に通っておりましたので、二〇一六年四月の熊本地震で自宅が被災いたしましたが、嶋田先生がすぐにお電話を下さり、温かい励ましのお言葉と、また、少なくない額のお見舞金を頂いたのを覚えております。「翻訳唱歌」というテーマも、嶋田先生に師事させていただいたからこそ、たどり着いたものだと考えております。誠にありがとうございました。

副指導教官を務めてくださった福元圭太先生、松永典子先生、施光恒先生からも、研究への的確なアドバイスをいただき、大変お世話になりました。また、施先生には、今年度より科研費の研究メンバーに加えていただいており（基盤C「世界秩序構想としての『翻訳』の意義に関する政治社会学的研究」代表：施光恒、二〇一九〜二〇二一年度）、現在も文化形成と「翻訳」との関連性についての研究を行う機会と、さらには研究へのご指導もいただいております。この場を借りて、心よりお礼申し上げます。

博士論文の審査に当たりましては、右記四名の先生方に加え、熊本大学教育学部より、瀧川淳先生に副査としてご参加いただきました。瀧川先生には、専門分野が同じ音楽教育学ということもあり、現在でも研究への色々なアドバイスをいただいてお世話になっております。改めまして、感謝を申し上げます。

最後に、本書の出版に当たっては、九州大学出版会の永山俊二氏に科研費の申請段階よりご担当いただき、大変にお世話になりました。執筆などの遅れで大変ご迷惑をおかけしてしまいましたが、氏の尽力がなければ、本書の出版はなかったものと思います。心より、感謝をお伝えする次第です。

令和元年一〇月一〇日

佐藤慶治

郷し，「普通教育における音楽」と題した講演を行う。「音楽とは音響であって，人を感動させるものである」という内容に影響を受けた田村は，林重浩や永井幸次と一緒に東京音楽学校へ入学した。卒業後，東京音楽学校兼高等師範学校助教授として，附属小学校の子どもたちに音楽を教えるが，当時の学校で使われていた『小学唱歌集』の難解さを痛感する。『小学唱歌集』はすべての歌詞が「文語」であり，明治 20 年代以降には，その歌詞への批判が徐々に起き始めていた。1900 年，田村は学習院教師の納所弁次郎との共編で，なるべく話し言葉に近い文体の歌詞を使った『教科適用　幼年唱歌』初編を刊行したが，これが言文一致唱歌として当時の教育界に決定的な影響を与えるものとなった。続いて田村と納所は『教科統合　少年唱歌』，『諸教科統合　尋常小学唱歌』，『諸教科統合　高等小学唱歌』等の教科書を相次いで出版し，言文一致唱歌は不動のものとなる。その後は 1910 年代の『尋常小学唱歌』編纂にも携わり，1922 年からは諸外国の音楽教育事情を視察，帰国後は東京市音楽担当視学となって音楽教育行政の重鎮として活躍し，1943 年に亡くなる。

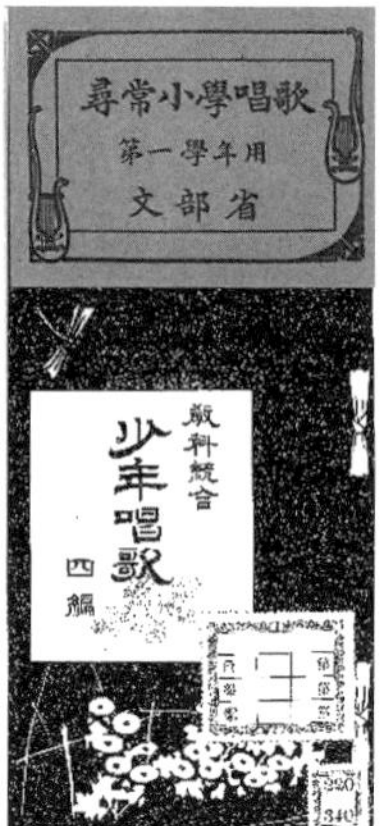

大和田建樹（1857 年 5 月 22 日～1910 年 10 月 1 日）

伊予国宇和島市丸之内に，藩士の子として生まれた。幼少より藩校に学び，14 歳の時に藩公に召されて四書を進講するなど，早くも国文学者としての萌芽をあらわしている。1876 年，広島外国語学校に入学して英学を修め，1879 年に上京。書記などとして働く傍ら研鑽をつみ，1884 年より東京帝国大学古典講習科講師，1886 年より東京高等師範学校教授等を歴任した。1888 年より 1892 年にかけて，民間製唱歌集の先駆けである『明治唱歌』全 6 集を，奥好義とともに編纂する。1891 年に職を辞してからは多彩な文筆活動に専念し，1900 年より《鉄道唱歌》を発表し始める。晩年は，《海軍軍歌》などの作詞も行った。1910 年，東京牛込の法身寺で病死。主な作品として，《故郷の空》，《青葉の笛》，《鉄道唱歌》などがある。

田村虎藏（1873 年 5 月 24 日～1943 年 11 月 7 日）

鳥取県岩美郡馬場村の農家の家庭に生まれる。蒲生小学校卒業後，鳥取高等小学校，鳥取県尋常師範学校へ進む。師範学校では，東京音楽学校を卒業したばかりの小出雷吉から唱歌の指導を受け，1882 年の卒業後は自らの母校である因幡高等小学校（前の鳥取高等小学校）に訓導として勤め始める。しかし，その年の 6 月に東京音楽学校が生徒募集を発布，校長の村岡範為馳が鳥取へ帰

伊澤修二（1851 年 6 月 30 日～1917 年 5 月 3 日）

信濃国高遠城下出身。藩校にて洋学を学んだ後，貢進生として大学南校（現在の東京大学）に学び，文部省に入る。1874 年に愛知師範学校校長となり，翌年には師範学校調査のため米国ボストンへ派遣された。ブリッジウォーター師範学校師範科にて教育学などを学び，卒業後はハーバード大学で理学を専攻する。一方で，ルーサー・ホワイティング・メーソンに音楽の個人レッスンを受けてもいる。帰国後，音楽取調掛の設立に携わり，御用掛に任命される。1880 年にメーソンをお雇い外国人として呼び寄せ，1881 年より 1884 年にかけて『小学唱歌集』全 3 編を編纂する。また，1888 年より東京音楽学校校長を務めるが，1891 年，文部省内での揉め事が原因で非職。1890 年に，教育勅語の普及に努める目的で国家教育社を創設しており，その意図に沿った唱歌集『小学唱歌』全 6 巻を，1892 年から 1893 年にかけて編纂・刊行する。1895 年，台湾総督府随員に任じられ，日本領となっていた台湾に渡航し，そこで教育制度の確立に尽力する。1897 年に貴族院議院。晩年は，東京小石川に楽石社をおこして，視話法による吃音矯正の社会事業に従事した。1917 年，脳出血のため死去。従四位勲二等を受けた。《紀元節》や《皇御国》などの唱歌の作曲者でもある。

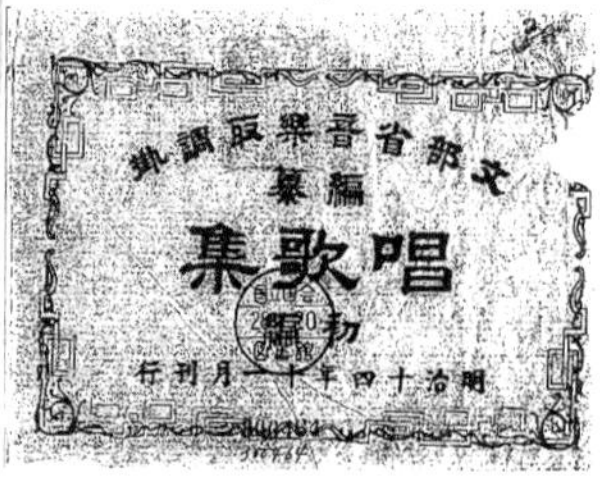

人物資料

（生年順に掲載）

ルーサー・ホワイティング・メーソン（1818年4月3日～1896年7月14日）

アルファベット表記はLuther Whiting Mason。アメリカ合衆国メーン州ターナーの出身。1838年より，ボストン音楽アカデミーにて学ぶ。オハイオ州シンシナシティにおいて，1856年より公立学校の音楽教師をつとめ，1864年，ボストンの低学年音楽監督兼教師に就任する。ボストンの出版社より，1871年に児童用音楽教材集『国楽大系 *National Music Course*』を出版した。アメリカ音楽教育の父と言われるローエル・メーソンが未だ確立していなかった低学年児童音楽教育分野に独自の教育体系を築き，ローエル・メーソンの後継者と呼ばれるようになる。1876年より伊澤修二ら日本人の音楽指導を行ったのが縁となり，1880年より2年間，来日して音楽取調掛で指導を行う。その成果として，1882年の『小学唱歌集』出版がある。日本にピアノと，バイエルの『ピアノ奏法入門書』を持ち込んだのもメーソンであった。帰国後も伊澤との書簡でのやり取りがあり，オーケストラ発展のための演奏家養成について説いている。晩年は，『国楽大系』の改訂や，講演会などを行う。1896年にメイン州バックフィールドで死去した。

SECOND MUSIC READER:

A COURSE OF EXERCISES IN THE ELEMENTS OF

Vocal Music and Sight-Singing.

WITH CHOICE ROTE SONGS

FOR THE USE OF

SCHOOLS AND FAMILIES.

BY

LUTHER WHITING MASON,

SUPERINTENDENT OF MUSIC IN THE PRIMARY SCHOOLS OF BOSTON.

BOSTON:

PUBLISHED BY GINN BROTHERS.

1873.

64 白戸恒蔵編『現今小学校国定教科書音訓指南』（大野書店，1909）を参照した。
65 田村虎蔵，納所弁次郎共編『教科統合　少年唱歌　初編-第八編』（十字屋，1903-1905）より引用した。以下，楽曲歌詞もすべてここから引用した。
66 Jerry Silverman, *Ballads & Songs of the Civil War for Guitar*（Fenton: Mel Bay Publications, 2008）pp. 6-7. 原曲情報は前掲長谷川「明治期唱歌集における西洋曲の研究：付録 2」を参考にした。
67 Jerry Silverman, *Civil War Songs and Ballads for Guitar*（New York: Dover Publications, 2001）pp. 19-20. 原曲情報は前掲長谷川「明治期唱歌集における西洋曲の研究：付録 2」を参考にした。

第 5 章　明治期を通じた唱歌教育の発展と「翻訳唱歌」

1 文部科学省「学制百年史五　国定教科書制度の成立」http://www.mext.go.jp/b_menu/hakusho/html/others/detail/1317624.htm　2019.7.15. テキスト取得
2 山住正巳『教育内容と日本文化』（青木書店，1977）p. 24.
3 ただし，制度上は文部省著作の教科書と民間製の検定教科書が共存することになっている。
4 上原一馬『日本音楽教育文化史』（音楽之友社，1988）p. 234.
5 前掲書，p. 233.
6 岩井正浩「子どもの歌の音楽文化史的研究：日本伝統音楽を視座とした1900-1940 年の展開」（神戸大学博士学位請求論文，1995）pp. 110-133.
7 以下，歌詞の引用は，文部省編『尋常小学唱歌　第一学年-第六学年』（国定教科書共同販売所，1911-1914）より。
8 金田一春彦『日本の唱歌（上）』（講談社文庫，1977）p. 303.
9 前掲書，p. 276.
10 唐澤富太郎『教科書の歴史』（創文社，1956）pp. 326-329.
11 『尋常小学唱歌』の歌詞内容分析については，同時代の歳時記である服部耕石編『季題辞典』（大東社，1907）を使用した。
12 三萩祥「唱歌で道徳心を育んだ明治日本　戦後，教科書から消された日本人の心とは」『祖国と青年 25 年 5 月号』（日本協議会・日本青年協議会，2013）pp. 32-33. には，《富士山》に関する類似内容の記述が存在する。
13 前掲書，p. 36.
14 「三大テノール・ドミンゴ　日本語で祈りの『ふるさと』」（スポーツニッポン新聞社ホームページ，2011 年 4 月 11 日付記事）http://www.sponichi.co.jp/entertainment/news/2011/04/11/kiji/K20110411000602420.html　2019.7.15. テキスト取得
15 「両陛下　震災復興支援コンサート鑑賞」（毎日新聞ホームページ，2016 年 3 月 13 日付記事）http://mainichi.jp/articles/20160314/k00/00m/040/039000c　2019.7.15. テキスト取得

40 William Thomas Wrighton, Francis Weiland, Robert M. Gaw, *Dearest Spot of Earth to Me Is Home*（Historic Sheet Music Collection. Paper 51, 1857）〔sheet music〕
以下，『小学唱歌』の原曲情報は，長谷川由美子「明治期唱歌集における西洋曲の研究：付録2」（筑波大学博士学位請求論文，2012）を参考にした。
41 https://en.wikipedia.org/wiki/All_Hail_the_Power_of_Jesus'_Name 2016.5.30. テキスト取得
42 L. W. Mason, *The Fourth Music Reader*（Boston: Ginn and Heath, 1880）p. 322.
43 ハーバート・G. ポンティング著，長岡祥三訳『英国人写真家のみた明治日本 この世の楽園・日本』（講談社，2005）pp. 262-263.
44 本書における田村の経歴については，主に丸山忠璋『言文一致唱歌の創始者 田村虎藏の生涯』（音楽之友社，1998）を参考にした。
45 『小学校学習指導要領』第5章「総合的な学習の時間」第3「指導計画と内容取扱い」(6)
46 尾島卓『統合教育技術 第53号1巻付録 教育改革キーワード集』（小学館，1998）p. 13.
47 佐伯正一『教育方法』（国土社，1965）p. 74. を参照した。
48 杉田政夫『学校音楽教育とヘルバルト主義』（風間書房，2005）p. 75.
49 前掲書，pp. 80-85. を参照した。
50 坂本麻裕子「修身に残らなかったグリム童話――樋口勘次郎の『修身童話』をテキストに――」『言葉と文化. v.10』（名古屋大学大学院国際言語文化研究科紀要，2009）pp. 228-229.
51 ケネス・マクビーティ『「ロビンソン・クルーソー」に秘められた十字架』（いのちのことば社，2002）などを参照した。
52 前掲杉田『学校音楽教育とヘルバルト主義』p. 86. を参照した。
53 前掲書，pp. 77-79. を参照した。
54 前掲書，pp. 97-102. を参照した。
55 ただし，原本を参照した可能性はある。
56 W. ライン著，波多野貞助・佐々木吉三郎共訳『小学校教授の実際 第一学年』（同文館，1902）p. 298.
57 前掲書，p. 294.
58 田村虎蔵，納所弁次郎共編『教科適用 幼年唱歌 初編上巻-第四編下巻』（十字屋，1900-1902）より引用した。以下の楽曲歌詞等もここから引用した。
59 田村虎藏「我國音楽教育の変遷」『音楽教育の思潮と研究』（目黒書店，1933）pp. 107-109.
60 前掲杉田『学校音楽教育とヘルバルト主義』pp. 122-124. を参照した。
61 前掲書，pp. 125-126. を参照した。
62 田村虎藏『唱歌科教授法』（同文館，1908）pp. 61-62.
63 樋口勘次郎編『修身童話』（開発社，1900）第1～8巻を参考とした。以下，『修身童話』の情報はすべてこれを参考としている。

警戒を」を挙げる。

20 細川周平「西洋音楽の日本化・大衆化 4　学校唱歌 2」『ミュージック・マガジン 7 月号』（株式会社ミュージック・マガジン，1989）pp. 96-97.

21 近藤鎮三訳「独乙教育書抄・女学校」『教育雑誌　第三号』（文部省，1876）pp. 6-7.

22 前掲細川「西洋音楽の日本化・大衆化 4　学校唱歌 2」p. 98.

23 伊澤修二著，山住正巳校注『洋楽事始』（平凡社，1971）を参照した。以下，『小学唱歌集』の楽曲歌詞もすべてここから引用した。

24 上野千鶴子『ナショナリズムとジェンダー』（青土社，1998）p. 34.

25 以下，本章における『小学唱歌集』の原曲情報については，すべて，櫻井雅人 ヘルマン・ゴチェフスキ，安田寛『仰げば尊し――幻の原曲発見と「小学唱集」全軌跡』（東京堂出版，2015）pp. 310-360. を参考にしている。

26 John Hullah, ed., *The song Book*（Philadelphia: T. B. Lippincott, 1866）p. 74.

27 中村正道「善良ナル母ヲ造ル説」『明六雑誌　第三十三号』（明六社，1875）pp. 1-4.

28 W. B. Bradbury, *The Alpine Glee Singer: A Complete Collection of Secular and Social Music.*（New York: Newman and Ivison, 1852）pp. 125-126.

29 前章で述べたように，唐澤富太郎はこの時期を「儒教主義復活時代」と称している。

30 大越愛子『近代日本のジェンダー　近代日本の思想的課題を問う』（三一書房，1997）p. 50.

31 *"Annie Laurie", Vocal Melodies of Scotland*（London; C. Jefferys, n.d. 1835）〔sheet music〕

32 星野天知「清少納言のほこり」『文学界　第 20 号』（文学界雑誌社，1894）pp. 1-5.

33 *"The Blue Bell of Scotland"*（Philadelphia: Carr and Schetky, n.d. 1800）〔sheet music〕

34 前掲金田一『日本の唱歌（上）』pp. 34-35.

35 江崎公子編『音楽基礎研究文献集　第 17 巻：「小学唱歌」全 6 冊掲載』（大空社，1991）を参照した。以下，『小学唱歌』における楽曲歌詞の引用もすべてここから。

36 伊澤修二「小学唱歌巻之四上」『音楽基礎研究文献集　第 17 巻』pp. 20-21.

37 四分の二拍子と四分の四拍子の曲において一拍が付点八分音符＋十六分音符で表される，まるで飛び跳ねているようなリズムのこと。

38 現代の日本では小学生のうちに変声する男子児童も珍しくないため，小学校音楽科の授業において変声期児童への配慮が必要になるが，戦前の日本では現代より変声期が遅かった。例えば，林義雄「変声期の取り扱い――声変わりを医学的に見る」『教育音楽　第 5 巻 9 号』（日本教育音楽協会，1950）pp. 31-34. では，1934 年の調査結果として，15〜16 歳の男子における変声期の完了が，60 パーセント程度であったことが記載されている。

39 伊澤修二「小学唱歌巻之六下」『音楽基礎研究文献集　第 17 巻』pp. 11-12.

纂されたということから，それぞれ『小学唱歌集』の影響を受けていると見なすことができる。

2 松村直行『童謡・唱歌でたどる音楽教科書のあゆみ　明治・大正・昭和初中期』（和泉書院，2011）p. 145.

3 山住正巳『教育内容と日本文化』（青木書店，1977）p. 23.

4 水原克敏『学習指導要領は国民形成の設計書　その能力観と人間像の歴史的変遷』（東北大学出版会，2010）pp. 47-49.

5 金田一春彦『日本の唱歌（上）』（講談社，1977）p. 359.

6 大和田建樹，奥好義共編『明治唱歌　第一集-第六集』（中央堂，1888-1892）より引用した。以下，楽曲の引用も同書籍から。

7 山田めぐみ「『小学唱歌集』（明治 15 年～明治 17 年）との比較における『明治唱歌』（明治 21 年～明治 25 年）の特徴に関する一考察」『教育学研究紀要第 60 巻』（中国四国教育学会，2014）p. 466.

8 田村虎蔵先生記念刊行会編『音楽教育の思潮と研究』（大空社，1992）p. 103.

9 海後宗臣『日本教科書大系近代編第二十五巻　唱歌』（講談社，1965）p. 641.

10 原曲が判明していないものも多く，原曲の歌詞を参考にしている唱歌が第 1 集に何曲存在するかということは現時点で明言できない。

11 D. Caughie, eds., *The Glasgow Infant School Magazine*, 1st series（London: Darson & Co., 1860）pp. 31-32. 原曲情報は，「斉藤基彦のホームページ：明治唱歌」
http://www.geocities.jp/saitohmoto/hobby/music/meijishoka1/meijishoka1.html#106 より。斉藤は，英文学者の櫻井雅人（《仰げば尊し》原曲の発見者）との私信で情報を得たという注付けをしている。以下，本章における英独テキストの翻訳はすべて筆者によるもの。

12 H. S. Perkins, ed., *The Song Echo: A Collection of Copyright Songs, Duets, Trios, and Sacred Pieces, Suitable for Public Schools, Juvenile Classes, Seminaries, and the Home Circle*（New York: J. L. Peters, 1871）p. 99. 原曲情報は，前掲「斉藤基彦のホームページ：明治唱歌」から。

13 August Linder, *Deutsche Weisen*（Stuttgart: Albert Auer's Musikverlag, n. d., 1900）p. 36.

14 手代木俊一「〈真白き富士の根〉と讃美歌（2）―― 大和田建樹・三角錫子とキリスト教：小さな教会としての〈ホーム〉――」『フェリス女学院大学音楽学部紀要第 2 号』（フェリス女学院大学，1997）pp. 50-52.

15 井口正俊「新体詩・唱歌・賛美歌 ―― 近代日本成立期における『翻訳』文化の一段面」『神と近代日本　キリスト教の受容と変容』（九州大学出版会，2005）pp. 187-197.

16 大和田建樹『明治文学史』（日本図書センター，1982）p. 185.

17 山東功『唱歌と国語　明治近代化の装置』（講談社，2008）p. 152.

18 前掲書，pp. 147-152.

19 一例として 2004 年 3 月 31 日の産経新聞社説「小学校教科書　性差否定の浸透に

明治期の国民国家形成と文化変容』(新曜社, 1995) を参考文献として挙げる。
44 川端康成『美しい日本の私』(講談社現代新書, 1969) p. 36.
45 前掲書, p. 11.
46 白居易の詩において,「雪月花」と「四季の美」は同義だが, 日本の詩歌における「雪月花」はこの三種の景物そのもの, もしくはそのような景物を愛でる風流さを表す。
47 矢代幸雄『日本美術の特質』(岩波書店, 1965) pp. 5-13.
48 吉井貞俊『日本美と神道』(新風書房, 1999) p. 29. を参照した。
49 岡倉天心著, 浅野晃訳『東洋の理想』(新学社, 2004) p. 188.
50 池上英子『美と礼節の絆』(NTT 出版, 2005) まえがき p. ii.
51 『小学唱歌集』の季語の分析には, 同時代に編纂された歳時記である根岸和五郎編『太陽暦四季部類』(山静堂, 1878) を使用した。
52 宮坂静生『季語の誕生』(岩波書店, 2009) はじめに p. vi.
53 Mason, op. cit., *Second Music Reader*. p. 7.
54 Mason, op. cit., *First Music Reader*. p. 24.
55 前掲金田一『日本の唱歌 (上)』p. 39.
56 Mason, op. cit., *Second Music Reader*. p. 49.
57 W. B. Bradbury, *Flora's Festival: A Musical Recreation for Schools, Juvenile Singing Classes* (New York: Ivison & Phinney, 1847) pp. 16-17.
58 Mason, op. cit., *First Music Reader*. p. 39.
59 Perkins, op. cit., *The Song Echo: A Collection of Copyright Songs, Duets, Trios, and Sacred Pieces, Suitable for Public Schools, Juvenile Classes, Seminaries, and the Home Circle*, p. 37.
60 Mason, op. cit., *Second Music Reader*. p. 84.
61 J. P. McCaskey, *Franklin Square Song Collection*, no. 1 (New York: Harper & Brothers, 1881) p. 148.
62 前掲金田一『日本の唱歌 (上)』 pp. 52-52.
63 例として『音楽界　第一巻　第四～十号』(大空社, 1908) には『小学唱歌集』を中心とした唱歌教育へのさまざまな批判と要望が掲載されている。歌詞についての主なものを以下に記しておく。
・古語体を改め, 理解しやすい平易な文体とするべき。
・小学校における国語科程度を考慮し, その内容はなるべく諸学科に関連するもの, あるいは四季に適応している自然物の事物より取り入れるべき。
・曲想と歌詞およびその内容と一致させるべき。
・簡単明瞭で, 直ちに歌詞の内容を想起させるものにするべき。

第 4 章　民間製唱歌集における西洋文化の受容と改変

1 詳しくは本章の各節で記述するが,『明治唱歌』はルーサー・ホワイティング・メーソンへの謝辞と音楽面から,『小学唱歌』は伊澤修二の編纂であるということから,『幼年唱歌』と『少年唱歌』は『小学唱歌集』への批判を解消すべく編

21 前掲奥中『国家と音楽　伊澤修二が目指した日本近代』pp. 149-165.

22 前掲唐澤『教科書の歴史』pp. 103-105. を参照した。

23 水原克敏『学習指導要領は国民形成の設計書　その能力観と人間像の歴史的変遷』（東北大学出版会，2010）p. 25.

24 前掲唐澤『教科書の歴史』pp. 111-112. を参照した。

25 前掲書，pp. 113-114. を参照した。

26 川合貞一『恩の思想』（東京堂，1943）p. 47.

27 Julius Eichberg, J. B. Sharland, H. E. Holt, and L. W. Mason, *The Fourth Music Reader*（Boston: Ginn and Heath, 1872）p. 126.
以下，本章における『小学唱歌集』の原曲情報については，すべて櫻井雅人，ヘルマン・ゴチェフスキ，安田寛『仰げば尊し――幻の原曲発見と「小学唱歌集」全軌跡』（東京堂出版，2015）pp. 310-360. を参考にしている。

28 Wm. B. Bradbury, *Musical Gems for School and Home*（New York: Mark H. Newman, 1851）p. 21.

29 *1782 An Essay on the Church Plain Chant*, part 2,（London: J. P. Coghlan, 1782）pp. xiii-xiv.

30 前掲櫻井『仰げば尊し――幻の原曲発見と「小学唱歌集」全軌跡』pp. 333-334.

31 M. Keller, *The American Hymn-Poetry & Music*（Boston: Henry Tolman & Co., 1866）〔sheet music〕

32 *Music to Be Performed at the Grand National Peace Jubilee to Be Held in Boston, June, 1869*（Boston: Oliver Ditson, 1869）pp. 9-11.

33 前掲櫻井『仰げば尊し――幻の原曲発見と「小学唱歌集」全軌跡』p. 331.

34 H. S. Perkins, ed., *The Song Echo: A Collection of Copyright Songs, Duets, Trios, and Sacred Pieces, Suitable for Public Schools, Juvenile Classes, Seminaries, and the Home Circle*（New York: J. L. Peters, 1871）p. 141.

35 John Hullah, *The Grammer School Chorus*（Boston: Oliver Diston & Co., 1866）p. 59.

36 Mason, op. cit., *Second Music Reader*. p. 41.

37 Mason, op. cit., *Third Music Reader*. p. 22.

38 William B. Bradbury, *Cottage Melodies: A Hymn and Tune Book*（New York: Carlton & Potter, 1859）p. 190.

39 Mason, op. cit., *Third Music Reader*. pp. 40-41.

40 Perkins, op. cit., *The Song Echo: A Collection of Copyright Songs, Duets, Trios, and Sacred Pieces, Suitable for Public Schools, Juvenile Classes, Seminaries, and the Home Circle*, p. 246.

41 評価の一例として，杉田政夫『学校音楽教育とヘルバルト主義』（風間書房，2005）p. 29. を挙げる。杉田はここで「忠君愛国的なもの」と「教訓的なもの」だけを「徳性の涵養」という伊澤の唱歌に対する考えの反映として扱っている。

42 前掲唐澤『教科書の歴史』p. 139.

43 『国境の越え方――比較文化論序説』（平凡社ライブラリー，2001）や『幕末・

14　唐澤富太郎『教育の流れの中で』（帝国地方行政学会，1973）p. 55.

15　Luther Whiting Mason, *First Music Reader.*（Boston: Ginn Brothers, 1872）, *Second Music Reader.*（Boston: Ginn Brothers, 1872）, *Third Music Reader.*（Boston: Ginn Brothers, 1872）

以下は，First Music Reader における音階練習図である。

FIRST NATIONAL MUSIC

THE EAR, THE VOICE, AND THE EYE.

THE SCALE OR MUSICAL LADDER. — STEPS OR DEGREES.

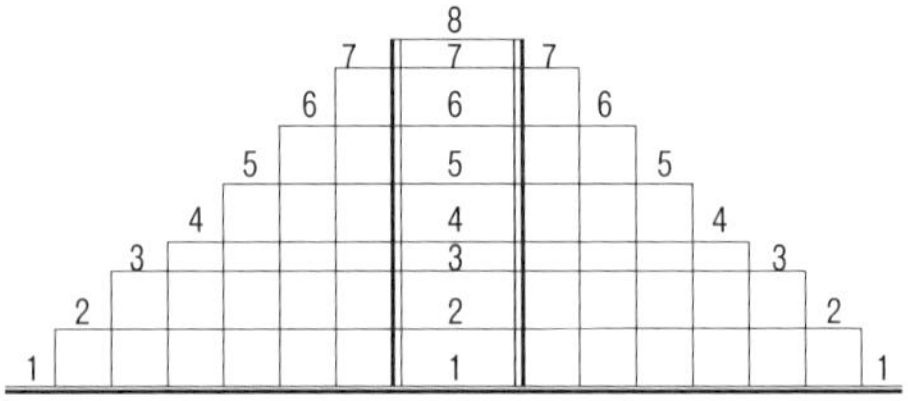

EXERCIBES ON THE DEGREES OF THE SCALE

I. 1, 2- 2, 1-　II. 1, 2, 3- 3, 2, 1-　III. 1, 2, 3, 4- 4, 3, 2, 1-

IV. 1, 2, 3, 4, 5- 5, 4, 3, 2, 1-　V. 1, 2, 3, 4, 5, 6- 6, 5, 4, 3, 2, 1-

VI. 1, 2, 3, 4, 5, 6, 7, 8- 8, 7, 6, 5, 4, 3, 2, 1-

16　小川昌文「ルーサー・ホワイティング・メーソンの音楽教育 I —— National Music Course の構造とカリキュラム ——」『上越教育大学紀要第 18 巻第 2 号』（上越教育大学，1999）pp. 711-732.

17　Mason, op. cit., *First Music Reader.* p. 30.

18　Mason, op. cit., *Second Music Reader.* pp. 50-51.

19　Mason, op. cit., *First Music Reader.* p. 23.

20　以下は，『小学唱歌集』冒頭の音階練習図である。

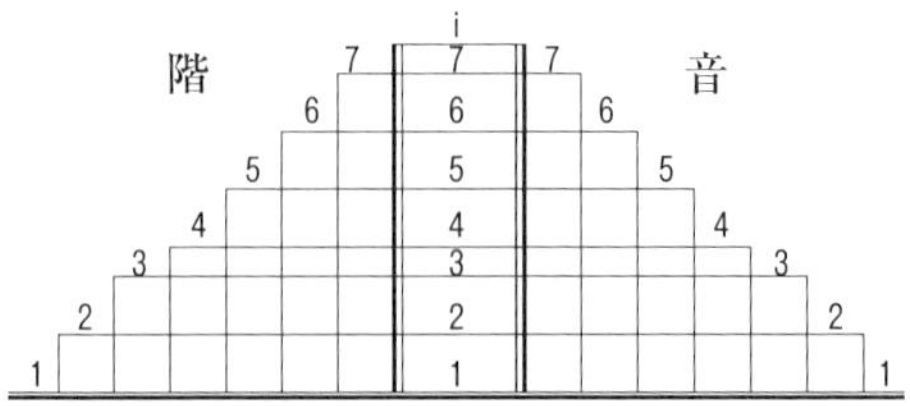

習　練　階　音

〔一〕1, 2_ 2, 1_　〔二〕1, 2, 3_ 3, 2, 1_　〔三〕1, 2, 3, 4_ 4, 3, 2, 1_

〔四〕1, 2, 3, 4, 5_ 5, 4, 3, 2, 1_　〔五〕1, 2, 3, 4, 5, 6_ 6, 5, 4, 3, 2, 1_

〔六〕1, 2, 3, 4, 5, 6, 7, i _ i, 7, 6, 5, 4, 3, 2, 1_

第3章　『小学唱歌集』

1　上原一馬『日本音楽教育文化史』第6章「近代——明治，大正，昭和初期」（音楽之友社，1988）pp. 183-326，東京藝術大学音楽取調掛研究班編『音楽教育成立への軌跡』第1章第1節「音楽取調掛のあゆみ　創設・沿革」（音楽之友社，1976）pp. 3-40，松村直行『童謡・唱歌でたどる音楽教科書のあゆみ　明治・大正・昭和初中期』第2章「『学制』の発布と音楽（唱歌）の扱い」第3章「音楽取調掛と特筆すべき人物」第4章「最初の教科書『小学唱歌集』の出版」（和泉書院，2011）pp. 15-94，奥中康人『国家と音楽　伊澤修二が目指した日本近代』第4章「国語と音楽　文明の『声』の獲得」（春秋社，2008）pp. 127-186. の4冊を主な参考文献として纏めた。

2　伊澤修二著，山住正巳校注『洋楽事始』（平凡社，1971）pp. 161-277. より引用した。以下，本章における『小学唱歌集』の楽曲歌詞についても，すべてここからの引用である。

3　山東功『唱歌と国語　明治近代化の装置』（講談社，2008）pp. 66-69.

4　山住正巳『唱歌教育成立過程の研究』（東京大学出版会，1967）pp. 81-83.

5　「翻訳唱歌」を分析する上で重要なのが，「置き換え」や「後付け」や「改変」といった概念である。本書においては「改変」を翻案より広い意味で捉えており，例えば原曲歌詞と全く違う歌詞がつけられていて翻案と言えない「翻訳唱歌」についても，「原曲から改変された唱歌」というような表現ができる。
「置き換え」と「後付け」については翻案の手法として位置付けており，例えば「神」という言葉を「天皇」にしてしまうような手法を「置き換え」，季節の描写がなかった原曲歌詞に「季語」を当てはめて季節を歌った唱歌にするような手法を「後付け」としている。

6　唐澤富太郎『教科書の歴史』（創文社，1956）pp. 135-139.

7　一例として，山崎浩隆「明治期の唱歌における子守唄」『熊本大学教育学部紀要第59号』（熊本大学教育学部，2010）を挙げる。

8　金田一春彦編『日本の唱歌（上）』（講談社，1977）p. 29.

9　東京藝術大学百年史刊行委員会『東京藝術大学百年史　東京音楽学校篇　第一巻』（音楽之友社，1987）pp. 201-213. 以下の『唱歌略説』引用については，すべてここから。

10　http://k-amc.kokugakuin.ac.jp/DM/dbTop.do?class_name=col_dsg 「国学院デジタルミュージアム」2016.8.21. テキスト取得

11　安田寛『「唱歌」という奇跡　十二の物語』（文藝春秋，2003）pp. 48-49.

12　Luther Whiting Mason, *National Music Charts, For the Use of Singing Classes Seminaries, Conservatories, Schools and Families*, 3rd series（Boston: Ginn Brothers, 1872）p. 24. 以下，本章における西洋楽曲歌詞の日本語訳は，すべて筆者による。

13　Luther Whiting Mason, *The Independent National Music Reader: Supplementary to the Intermediate Music Reader of the "National" Music Course*（Boston: Ginn & Company, 1889）p. 216.

Research Library, 1999）p. 344. において，歌詞内容別の割合調査が行われており，1880 年代の米国における学校音楽教材集には，平均 33.7%の宗教的な曲が含まれていた。

67　安田寛『唱歌と十字架　明治音楽事始め』（音楽之友社，1994）と『仰げば尊し　幻の原曲発見と「小学唱歌集」全軌跡』第 8 章「賛美歌曲が『小学唱歌集』に混入した理由」pp. 149-191. を参考文献として挙げる。

68　Samuel Webb, *A Selection of Glees, Duets, Canzonets, etc.* Vol. 3（London: R. Birchall for the Author, n.d. 1812）pp. 36-37.

69　L. W. Mason, *The National Hymn and Tune Book for Mixed Voices*（Boston: Ginn&Heath, 1880）pp. 102-103. 作曲者の名前を取って *WEBER* と名付けられたこの楽曲には，*Imploring Divine Light* の他に *Who by Searching can find out God?* と *A little while, and ye see me* という二つの歌詞も掲載されている。どちらもメーソンの作ではなく，既存の詩で楽曲に合いそうなものを持ってきたと考えられる。ここでは唱歌の基になったと思われる，連の数が原曲と同じ歌詞を取り上げた。

70　前掲伊澤『洋楽事始』p. 183.

71　安田寛『「唱歌」という軌跡　十二の物語　賛美歌と近代化の間で』第 3 章「蝶々」（文藝春秋，2003）pp. 44-74. を参照した。

72　前掲櫻井『仰げば尊し　幻の原曲発見と「小学唱歌集」全軌跡』p. 246.

73　オットー・ダン著，末川清・姫岡とし子・高橋秀寿訳『ドイツ国民とナショナリズム　1770-1990』（名古屋大学出版会，1999）pp. 15-18. を参考にした。

74　嶋田洋一郎『ヘルダー論集』第 3 章「ヘルダーとナショナリズム再考」（花書院，2007）などに見られるように，近年のヘルダー研究では，ヘルダーの多文化主義や互恵性に視点が置かれることが多い。しかし本章では，ヘルダーの『民謡集』がドイツの文化的ナショナリズムとしてとらえられた結果，後の「教育的民謡」，さらには明治期の唱歌に繋がったという歴史的経緯に基づき，ナショナリズムの視点を含めてヘルダーについて論じている。

75　Gerahard Sauder, *Herder's poetic works, his translations, and his views on poetry: A companion to the works of Johann Gottfried Herder*（Rochester: Camden House, 2009）pp. 322-325. を参照した。

76　嶋田洋一郎訳『ヘルダー民謡集』（九州大学出版会，2018）p. 319.

77　前掲書，目次を参考にした。

78　薗田宗人，深見茂編『無限への情景：ドイツロマン派の思想と芸術』（国書刊行会，1984）pp. 10-30. における，薗田宗人訳のものを参考文献とした。

79　興味深いことに，伊澤も 1884 年の『音楽取調申報書』において，西洋形式の音楽を教育に用いることを，西洋と日本の音階の両者ともがインドに起源を持っているとして正当化し，音楽取調掛の目的は東洋と西洋の音楽の折衷による「国楽」の創出にあると位置付けている。

80　前掲櫻井『仰げば尊し　幻の原曲発見と「小学唱歌集」全軌跡』pp. 268-269.

81　前掲芳賀「日本という翻訳の宇宙 ―― 文化を映す翻訳・翻訳が映す文化」p. 153.

1999）p. 259.

53 ルターの行った聖書の翻訳と，それに伴うドイツ語の変化に関しては，アントワーヌ・ベルマン著，藤田省一訳『他者という試練　ロマン主義ドイツの文化と翻訳』第1章「ルターあるいは礎としての翻訳」（みすず書房，2008）pp. 51-76. を参考にした。

54 Robert Falck「コントラファクトゥム」『ニューグローヴ世界音楽大事典　第7巻』（講談社，1994）pp. 189-190.

55 Erdmann Werner Böhme, *Deutsche Lieder. HEIMAT·VOLK·STUDENTSEIN. Weisen aus dem Allgemeinen Deutschen Kommersbuch*（Lahr/Schwarzwald: Moritz Schauenburg Verlag, 1962）p. 80.

56 August Jakob Rambach, *Anthologie christlicher Gesänge aus der neueren Zeit, die vorzüglichsten seit der Reformation erschienenen geistlichen Lieder der Deutschen*（Leipzig: Hammerich, 1817）pp. 144-146. この歌集には9連の歌詞が掲載されているが，最初期に歌われていた3連のみを引用する。

57 L. finscher, G. v. Dadelsen, *Die Musik in Geschichte und Gegenwart*（= *MGG*）*: Parodie und Kontrafaktur*（Berlin: Direct Media, 2001, Digital Bibliothek Bd. 60）pp. 815-835.

58 *D. Martin Luthers Werke*（Weimar: Weimarer Ausgabe, 1883-1929, Bd. 35）p. 480.

59 セオドア・テルストロム著，川島正二訳『アメリカ音楽教育史』第1章「人文主義の伝統」（音楽鑑賞教育振興会，1985）pp. 13-75. 荒巻治美『アメリカ音楽科教育成立史研究』第1章「音楽科教育運動の課題」（風間書房，2001）pp. 11-48. 供田武嘉津『西欧音楽教育史』第7章6節「芸術教育思潮と音楽教育：アメリカ合衆国の音楽教育」（音楽之友社，1991）pp. 189-214. の3冊を主要な参考文献としている。

60 Howard Ellis, *Lowell Mason and the "Manual of the Boston Academy of Music": Journal of Research in Music Education*, Vol. 3, No. 1（London: SAGE Publishing, 1955）pp. 3-10.

61 大塚野百合『賛美歌・聖歌ものがたり　疲れしこころをなぐさむる愛よ』（創元社，1995）pp. 12-13.

62 大塚野百合『賛美歌・唱歌ものがたり2 「大きな古時計」と賛美歌』（創元社，2003）p. 20.

63 前掲櫻井『仰げば尊し　幻の原曲発見と「小学唱歌集」全軌跡』pp. 131-135.

64 例えばオンライン版の *Oxford Advanced Learner's Dictionary* では，him の項目に *Him used when referring to God* という解説が入っている。

65 その他の例として，Comedy Central で放送されている風刺的なコメディ・アニメ *South Park:Christian Rock Hard*（the ninth episode of the seventh season）を挙げる。この回では登場人物が，既存のラブソング歌詞を宗教的な歌詞に改変する様子が描かれている。

66 John Alfred Nietz, *Old textbooks*（Pittsburgh: University of Pittsburgh, Digital

31　黛敏郎「替え唄文化バンザイ！」『唄には歌詞がある』（福武書店，1987）pp. 170-172.
32　芳賀徹編「日本という翻訳の宇宙――文化を映す翻訳・翻訳が映す文化」『翻訳と日本文化』（山川出版社，2000）pp. 152-153.
33　前掲書，p. 161.
34　右の写真は岩倉使節団がアメリカに到着した直後の 1872 年 1 月 23 日に，サンフランシスコの写真館で撮られたもの。

35　前掲西川「日本型国民国家の形成――比較史的観点から」p. 26.
36　大久保喬樹『日本文化論の系譜　「武士道」から「〔甘え〕の構造」まで』（中公新書，2003）pp. 3-4.
37　劉岸偉「中国における『翻訳』とヨーロッパ――言語に見る中日文化変容の軌跡」『翻訳と日本文化』p. 71. を参照した。
38　前掲施『英語化は愚民化　日本の国力が地に落ちる』pp. 63-64.
39　山口謠司『日本語を作った男　上田万年とその時代』（集英社インターナショナル，2016）pp. 31-32. を参照した。
40　前掲書，p. 53.
41　前掲施『英語化は愚民化　日本の国力が地に落ちる』pp. 71-72. を参照した。
42　福沢諭吉『学問のすゝめ』（岩波文庫，1978）p. 157.
43　九州大学大学院比較社会文化研究院日本研究プロジェクトチームによる「知の加工学」プロジェクトでは，このような「日本が伝統的に秀でてきたと思われる知の受容，加工，活用，発信の過程や方法に着目し，そこから日本の歴史，文化，社会を理解する一視点を獲得」することを目的として，実例の収集や分析が行われている。プロジェクトの成果は，松永典子，施光垣，吉岡斉共編著『「知の加工学」事始め』（編集工房球，2011）に纏められている。
44　虎頭恵美子編『図説　グリム童話』（河出書房新社，2005）p. 68.
45　原曲の情報については，櫻井雅人，ヘルマン・ゴチェフスキ，安田寛『仰げば尊し――幻の原曲発見と「小学唱歌集」全軌跡』（東京堂出版，2015）pp. 310-360.　を参照した。
46　山住正巳『唱歌教育成立過程の研究』（東京大学出版会，1967）pp. 81-83.
47　伊澤修二著，山住正巳校注『洋楽事始』（平凡社，1971）p. 270.
48　L. W. Mason, *Third Music Reader*（Boston: Ginn Brothers, 1871）pp. 32-33. 以下，本章における英語歌詞とドイツ語歌詞の訳出はすべて筆者による。
49　前掲伊澤『洋楽事始』p. 161.
50　中村理平『キリスト教と日本の洋楽』（大空社，1996）pp. 571-575.
51　ミヒェルス・ウルリヒ編『図解音楽事典』（白水社，1989）p. 83.
52　ヴェルナー・フェリクス著，杉山好訳『バッハ　生涯と作品』（講談社学術文庫，

5 ケネス・B. パイル著，松本三之介監訳，五十嵐暁郎訳『欧化と国粋　明治維新と日本のかたち』（講談社学術文庫，2013）p. 15.
6 クリフォード・ギアツ著，吉田禎吾・柳川啓一・中牧弘允・板橋作美訳『文化の解釈学（1）』（岩波書店，1987）p. 148.
7 J. L. ピーコック著，今福龍太訳『人類学とは何か』（岩波書店，1993）p. 29.
8 竹内実・西川長夫編『グローバル時代を読み解く75の鍵　比較文化キーワード1』（サイマル出版会，1994）pp. 10-11.
9 木畑洋一「世界史の構造と国民国家」『国民国家を問う』（青木書店，1994）pp. 5-6.
10 前掲書，p. 7.
11 前掲書，p. 8.
12 前掲書，pp. 8-9.
13 イマニュエル・ウォーラーステイン著，川北稔訳『近代世界システム２　農業資本主義と「ヨーロッパ世界経済」の成立』（岩波書店，1981）p. 288.
14 伊藤定良「国民国家とは何か――研究史とその課題」『21世紀歴史学の創造１　国民国家と市民社会』（有志社，2012）p. 8.
15 田中克彦『言語の思想――国家と民族の言葉』（日本放送出版協会，1975）p. 66.
16 前掲伊藤「国民国家とは何か――研究史とその課題」pp. 8-9.
17 前掲書，p. 9.
18 アーネスト・ゲルナー著，加藤節監訳『民族とナショナリズム』（岩波書店，2000）p. 1.
19 前掲書，p. 230.
20 鈴木貞美『日本の文化ナショナリズム』（平凡社新書，2005）pp. 82-83.
21 E. ホブズボウム，T. レンジャー編，前川啓治・梶原景昭他訳『創られた伝統』（紀伊国屋書店，1992）p. 10.
22 ベネディクト・アンダーソン著，白石隆・白石さや訳『定本　想像の共同体　ナショナリズムの起源と流行』（書籍工房早山，2007）pp. 21-22.
23 西川長夫「日本型国民国家の形成――比較史的観点から」『幕末・明治期の国民国家形成と文化変容』（新曜社，1995）pp. 9-10.
24 前掲アンダーソン『定本　想像の共同体　ナショナリズムの起源と流行』p. 24.
25 前掲伊藤「国民国家とは何か――研究史とその課題」pp. 10-11.
26 アントニー・D. スミス著，高柳先男訳『ナショナリズムの生命力』（晶文社，1996）p. 52.
27 前掲書，p. 39.
28 施光恒『英語化は愚民化　日本の国力が地に落ちる』（集英社新書，2015）pp. 53-54.
29 前掲鈴木『日本の文化ナショナリズム』p. 43.
30 アントニー・D. スミス著，巣山靖司・高城和義他訳『ネイションとエスニシティ　歴史社会学的考察』（名古屋大学出版会，1999）pp. i-ii.

注

第1章　本書の概要と課題

1　堀内敬三，井上武士編『日本唱歌集』（岩波書店，1958）p. 240.
2　水谷彰良『イタリア・オペラ史』（音楽之友社，2006）p. 192.
3　ベネディクト・アンダーソン著，白石隆・白石さや訳『定本　想像の共同体　ナショナリズムの起源と流行』（書籍工房早山，2007）pp. 238-239.
4　渡辺裕『歌う国民　唱歌，校歌，うたごえ』（中公新書，2010）pp. 6-15. を参考にした。
5　一例として，政治学者の中島嶺雄による論考「愛国心の原点は小学唱歌集だ」『WILL 2006年7月号　総力特集　愛国心を問う』pp. 38-45. が挙げられる。
6　嶋田由美「唱歌教育の展開に関する実証的研究」（東京学芸大学博士学位請求論文，2008）p. 130.
7　一例として櫻井雅人「唱歌集の中の外国曲 ――『小学唱歌集』を中心として(1)」『言語文化 Vol. 41』（一橋大学，2004）p. 3. が挙げられる。
8　文化庁『親子で歌いつごう日本の歌百選 ―― 親から子，子から孫へ』（東京書籍，2007）
9　藍川由美「『翻訳唱歌集』について」『翻訳唱歌集「故郷を離るる歌」ライナーノート』（日本コロンビア，1998）p. 4. このCDは，ISBNのついた出版物の中で，唯一そのタイトルに「翻訳唱歌」という言葉を含んでいる。引用文中の（翻訳唱歌）は佐藤の補足である。
10　このため，「翻訳唱歌」という用語を使わず，「西洋曲を原曲に持つ唱歌」などと表現している研究も多い。
11　大橋良介『文化の翻訳可能性 ―― 国際高等研究所シンポジウム』（人文書院，1993）p. 32.
12　前掲書，p. 31.
13　櫻井雅人，ヘルマン・ゴチェフスキ，安田寛『仰げば尊し　幻の原曲発見と「小学唱歌集」全軌跡』（東京堂出版，2015）p. 307.

第2章　国民形成と「翻訳唱歌」

1　酒井健太郎「日本近代化と音楽：国楽・唱歌・五線譜」（筑波大学博士学位請求論文，2006）p. 26.
2　前川直哉『男の絆　明治の学制からボーイズ・ラブまで』（筑摩書房，2011）pp. 21-28.
3　ゲイリー・P. リュープ著，藤田真利子訳『男色の日本史』（作品社，2014）pp. 284-287.
4　前掲書，p. 288. を参照した。

安田寛『唱歌と十字架』（音楽之友社，1993）
安田寛『日韓唱歌の源流』（音楽之友社，1999）
柳田國男『明治大正史　世相篇』（講談社，1993）
山口謡司『日本語を作った男　上田万年とその時代』（集英社，2016）
山住正巳『唱歌教育成立過程の研究』（東京大学出版会，1967）
山住正巳『教育内容と日本文化』（青木書店，1977）
山住正巳『子どもの歌を語る』（岩波書店，1994）
吉井貞俊『日本美と神道』（新風書房，1999）
吉田寛『民謡の発見と〈ドイツ〉の変貌　十八世紀』（青弓社，2013）
歴史研究会編『国民国家を問う』（青木書店，1994）
渡辺裕『日本文化モダン・ラプソディ』（春秋社，2002）
渡辺祐『歌う国民　唱歌，校歌，うたごえ』（中公新書，2010）

［論文］
岩井正浩「子どもの歌の音楽文化史的研究：日本伝統音楽を視座とした1900-1940年の展開」（神戸大学博士学位請求論文，1995）
小川昌文「ルーサー・ホワイティング・メーソンの音楽教育Ⅰ ―― *National Music Course* の構造とカリキュラム ―― 」『上越教育大学紀要第18巻第2号』（上越教育大学，1999）
酒井健太郎「日本近代化と音楽：国楽・唱歌・五線譜」（筑波大学博士学位請求論文，2006）
嶋田由美「唱歌教育の展開に関する実証的研究」（東京学芸大学博士学位請求論文，2008）
鈴木治「明治中期から大正期の日本における唱歌教育方法確立過程について」（神戸大学博士学位請求論文，2005）
西島央「学校音楽の国民統合機能：ナショナル・アイデンティティとしての『カントリー意識』の確立を中心として」『東京大学教育学部紀要第34号』（東京大学，1995）
長谷川由美子「明治期唱歌集における西洋曲の研究」（筑波大学博士学位請求論文，2012）
細川周平「西洋音楽の日本化・大衆化3　学校唱歌1」『ミュージック・マガジン6月号』（株式会社ミュージック・マガジン，1989）
細川周平「西洋音楽の日本化・大衆化4　学校唱歌2」『ミュージック・マガジン7月号』（株式会社ミュージック・マガジン，1989）

柴田南雄編『唄には歌詞がある』(福武書店，1987)
嶋田洋一郎『ヘルダー論集』(花書院，2007)
嶋田洋一郎訳『ヘルダー民謡集』(九州大学出版会，2018)
杉田政夫『学校音楽教育とヘルバルト主義』(風間書房，2005)
セオドア．テルストロム著，川島正二訳『アメリカ音楽教育史』(音楽鑑賞教育振興会，1985)
施光恒『英語化は愚民化　日本の国力が地に落ちる』(集英社新書，2015)
竹内実，西川長夫編『グローバル時代を読み解く75の鍵　比較文化キーワード1』(サイマル出版会，1994)
谷川稔『国民国家とナショナリズム』(山川出版社，1999)
田村虎藏『唱歌科教授法』(同文館，1908)
田村虎藏『音楽教育の思潮と研究』(目黒書店，1933)
千葉優子『ドレミを選んだ日本人』(音楽之友社，2007)
塚原康子『十九世紀の日本における西洋音楽の受容』(多賀出版，1993)
手代木俊一『讃美歌　聖歌と日本の近代』(音楽之友社，1999)
東京藝術大学音楽取調掛研究班編『音楽教育成立への軌跡』(音楽之友社，1976)
東京藝術大学百年史刊行委員会編『東京藝術大学百年史　東京音楽学校篇　第一巻』(音楽之友社，1987)
戸ノ下達也編著『総力戦と音楽文化　音と声の戦争』(青弓社，2008)
供田武嘉津『西欧音楽教育史』(音楽之友社，1991)
供田武嘉津『日本音楽教育史』(音楽之友社，1996)
中村理平『洋楽導入者の軌跡——日本近代洋楽史序説——』(刀水書房，1993)
中村理平『キリスト教と日本の洋楽』(大空社，1996)
中山エイ子『明治唱歌の誕生』(勉誠出版，2011)
西川長夫・松宮秀治共編『幕末・明治期の国民国家形成と文化変容』(新曜社，1995)
西川長夫『国境の越え方——比較文化論序説』(平凡社ライブラリー，2001)
西原稔『クラシックでわかる世界史』(アルテスパブリッシング，2007)
ハーバート．G. ポンティング著，長岡祥三訳『英国人写真家のみた明治日本　この世の楽園・日本』(講談社，2005)
芳賀徹編『翻訳と日本文化』(山川出版社，2000)
橋本美保『明治初期におけるアメリカ教育情報受容の研究』(風間書房，1998)
藤原正彦『祖国とは国語』(新潮社，2006)
前坊洋『模擬と新製——アカルチュレーションの明治日本』(慶應義塾大学出版会，2010)
松永典子・施光垣・吉岡斉共編著『「知の加工学」事始め』(編集工房球，2011)
松村直行『童謡・唱歌でたどる音楽教科書のあゆみ』(和泉書院，2011)
丸山忠璋『言文一致唱歌の創始者　田村虎藏の生涯』(音楽之友社，1998)
水原克敏『学習指導要領は国民形成の設計書　その能力観と人間像の歴史的変遷』(東北大学出版会，2010)
宮坂静生『季語の誕生』(岩波書店，2009)

海老澤瓶『音楽之思想――西洋音楽思想の流れ』（音楽之友社，1972）
エリック．ホブズボウム，テレンス．レンジャー編，前川啓治・梶原景昭他訳『創られた伝統』（紀伊國屋書店，1992）
遠藤宏『明治音楽史考』（有明堂，1948）
大久保喬樹『日本文化論の系譜　「武士道」から「甘えの構造」まで』（中公新書，2003）
大越愛子『近代日本のジェンダー　現代日本の思想的課題を問う』（三一書房，1997）
大塚野百合『賛美歌・聖歌ものがたり　疲れしこころをなぐさむる愛よ』（創元社，1995）
大塚野百合『賛美歌・唱歌ものがたり 2 「大きな古時計」と賛美歌』（創元社，2003）
大和田建樹『明治文学史』（日本図書センター，1982）
岡倉天心著，浅野晃訳『東洋の理想』（新学社，2004）
奥中康人『国歌と音楽　伊澤修二が目指した日本近代』（春秋社，2008）
鎌谷静男『尋常小学読本唱歌編纂秘史』（文芸社，2001）
上沼八郎『伊沢修二』（吉川弘文館，1962）
唐澤富太郎『教科書の歴史』（創文社，1956）
唐澤富太郎『教育の流れの中で』（帝国地方行政学会，1973）
川合貞一『恩の思想』（東京堂，1943）
河口道朗『音楽教育の理論と歴史』（音楽之友社，1991）
河口道朗『近代音楽教育論成立史研究』（音楽之友社，1996）
川端康成『美しい日本の私』（講談社現代新書，1969）
木村涼子編『日本の教育と社会　ジェンダーと教育』（日本図書センター，2009）
金田一春彦編『日本の唱歌〔上〕』（講談社，1977）
金田一春彦編『日本の唱歌〔中〕』（講談社，1979）
金田一春彦編『日本の唱歌〔下〕』（講談社，1982）
金田一春彦『童謡・唱歌の世界』（教育出版，1995）
久保義三『天皇制国家の教育政策』（勁草書房，1979）
玖村敏雄『教育における伝統と創造』（玉川大学出版部，1968）
ケネス．B. パイル著，松本三之介監訳，五十嵐暁郎訳『欧化と国粋　明治維新と日本のかたち』（講談社学術文庫，2013）
虎頭恵美子編『図説グリム童話』（河出書房新社，2005）
小森陽一『近代日本の文化史』（岩波書店，2005）
権藤敦子『高野辰之と唱歌の時代　日本の音楽文化と教育の接点をもとめて』（東京堂出版，2015）
櫻井雅人，ヘルマン．ゴチェフスキ，安田寛『仰げば尊し　幻の原曲発見と「小学唱歌集」全軌跡』（東京堂出版，2015）
佐野靖，杉本和寛共編著『文化としての日本のうた』（東洋館出版会，2016）
山東功『唱歌と国語　明治近代化の装置』（講談社，2008）
塩野和夫編『神と近代日本　キリスト教の受容と変容』（九州大学出版会，2005）

主要参考文献

[唱歌集]

伊澤修二編『小学唱歌　第一巻-第六巻』(大日本図書株式会社, 1892-1893)

大和田建樹, 奥好義共編『明治唱歌　第一集-第六集』(中央堂, 1888-1892)

音楽取調掛編『小学唱歌集　初編-第三編』(1881-1884)

田村虎蔵, 納所弁次郎共編『教科適用　幼年唱歌　初編上巻-第四編下巻』(十字屋, 1900-1902)

田村虎蔵, 納所弁次郎共編『教科統合　少年唱歌　初編-第八編』(十字屋, 1903-1905)

文部省編『尋常小学唱歌　第一学年-第六学年』(国定教科書共同販売所, 1911-1914)

Luther Whiting Mason, *First Music Reader, Second Music Reader., Third Music Reader.* (Boston: Ginn Brothers, 1872)

[著書]

アーネスト. ゲルナー著, 加藤節監訳『民族とナショナリズム』(岩波書店, 2000)

藍川由美『これでいいのか, にっぽんのうた』(文藝春秋, 1998)

青木保『文化の翻訳』(東京大学出版会, 1978)

赤坂憲雄『子守り唄の誕生』(講談社文庫, 2006)

荒巻治美『アメリカ音楽科教育成立史研究』(風間書房, 2001)

アントニー. D. スミス著, 高柳先男訳『ナショナリズムの生命力』(晶文社, 1996)

アントニー. D. スミス著, 巣山靖司, 高城和義他訳『ネイションとエスニシティ　歴史社会学的考察』(名古屋大学出版会, 1999)

アントワーヌ. ベルマン著, 藤田省一訳『他者という試練　ロマン主義ドイツの文化と翻訳』(みすず書房, 2008)

池上英子『美と礼節の絆』(NTT 出版, 2005)

伊澤修二君還暦祝賀会編『楽石自伝　教界遊前記』(国書刊行会, 1970)

伊澤修二著, 山住正巳校注『洋楽事始』(平凡社, 1971)

井筒清次『童謡唱歌の故郷を歩く』(河田書房新社, 2006)

井上武士『音楽教育明治百年史』(音楽之友社, 1967)

猪瀬直樹『唱歌誕生　ふるさとを創った男』(文藝春秋, 2000)

ヴェー. ライン著, 波多野貞助・佐々木吉三郎共訳『小学校教授の実際　第一学年-第四学年』(同文館, 1902-1905)

上野千鶴子『ナショナリズムとジェンダー』(青土社, 1998)

上原一馬『日本音楽教育文化史』(音楽之友社, 1988)

ヴェルナー. フェリクス著, 杉山好訳『バッハ　生涯と作品』(講談社学術文庫, 1999)

歌集名索引

原曲名索引

ヤ行

ラ・ワ行

タ行

ナ行

ハ行

マ行

曲名索引

ナ行

ハ行

マ行

ヤ行

欧米人名

人名索引

〈著者紹介〉

佐藤慶治（さとう・けいじ）

1986年熊本県生まれ。県立熊本高等学校，国立音楽大学音楽学部声楽専修卒業。

熊本大学大学院教育学研究科音楽教育コース修士課程，九州大学大学院比較社会文化学府博士後期課程修了。博士（比較社会文化）。

精華女子短期大学幼児保育学科専任講師。

音楽教育学，比較文化学，児童文化論を専攻。

現在，日本学術振興会科学研究費（若手研究）を取得し，「NHK『みんなのうた』を中心とした日本児童音楽文化の変遷に関する歴史社会学的研究」というテーマで研究を行う。

主要論文
「明治期の唱歌教育における翻訳唱歌と国民形成」（九州大学博士学位請求論文，2017年），「1960-70年代における NHK『みんなのうた』と西洋ポピュラー音楽」（『比較文化研究　133号』，2018年），「小学校音楽科歌唱共通教材の意義に関する考察――学習指導要領との関連性から――」（『総合文化学論輯　10号』，2019年）など。

著書
『楽譜が読めない先生のための音楽指導の教科書』（明治図書，共著2019年）

翻訳唱歌《ほんやくしょうか》と国民形成《こくみんけいせい》
明治時代の小学校音楽教科書の研究

2019年12月30日　初版発行

著　者　佐　藤　慶　治

発行者　笹　栗　俊　之

発行所　一般財団法人　九州大学出版会

〒814-0001 福岡市早良区百道浜3-8-34
九州大学産学官連携イノベーションプラザ305
電話　092-833-9150（直通）
URL　https://kup.or.jp/
印刷・製本／大同印刷㈱

ISBN978-4-7985-0272-4

ヘルダー民謡集

嶋田洋一郎 訳

四六判・八一〇頁・本体一〇、〇〇〇円

ヘルダー民謡集
嶋田洋一郎 訳
「文芸とは全人類の共有財産であり,一部の知的上流階級の私有財産ではない」
ゲーテ

ヘルダーが生涯をかけて蒐集・翻訳・刊行した「民謡集」本邦初の全訳。18の言語からドイツ語に翻訳した世界各地の民謡・伝承には，ゲーテの「野ばら」や「魔王」の原点となる作品も含まれる。低俗とされた民謡の価値を見直し，「人類の歌」として普遍的な価値を持たせ，「世界文学」の理念を体現した試み。

九州大学出版会　　（価格税別）